Alfred Hega

Der Zusammenhang der Geschlechtskrankheiten

Alfred Hega

Der Zusammenhang der Geschlechtskrankheiten

ISBN/EAN: 9783743353930

Hergestellt in Europa, USA, Kanada, Australien, Japan

Cover: Foto ©ninafisch / pixelio.de

Alfred Hega

Der Zusammenhang der Geschlechtskrankheiten

DER ZUSAMMENHANG
DER
GESCHLECHTSKRANKHEITEN
MIT
NERVÖSEN LEIDEN
UND DIE
CASTRATION BEI NEUROSEN

VON

ALFRED HEGAR.

STUTTGART.
VERLAG VON FERDINAND ENKE.
1885.

Vorrede.

Ursprünglich hatte ich die Absicht, den Zusammenhang zwischen Sexualerkrankungen und nervösen Leiden für sich und ausführlich zu bearbeiten. Für den Kopenhagener Congress waren jedoch Themata in bestimmter Fassung vorgeschrieben, und ich entschloss mich, auf eine betreffende Aufforderung hin, nun jenen Gegenstand in seiner Verbindung mit der Castration, wie es festgesetzt war, zu besprechen. Ich hoffe, dass die Sache auch für den, welcher nicht Gynäkologe von Fach ist, an Interesse nichts eingebüsst hat. Der wichtigste und umfangreichste Theil der Arbeit betrifft immer noch jenen Zusammenhang. Gern würde ich manche Behauptungen durch genaue Mittheilungen klinischer Berichte gelegentlich noch weiter gestützt haben. Allein der ursprüngliche Vortrag ist, wie man sieht, denn doch auch schon ohne solche Zusätze bedenklich angeschwollen. Zudem werden in nächster Zeit von meinen Assistenten einige, mehr oder weniger innig mit der Sache zusammenhängende, Arbeiten erscheinen. Der einsichtige Leser wird sich bald überzeugen, dass ich nicht blos meine eigenen, sehr reichhaltigen Erfahrungen, sondern auch die mir zugänglichen Beobachtungen Anderer ausgiebig benutzt habe.

Freiburg, November 1884.

Hegar.

Inhaltsverzeichniss.

Seite

I. Castration im Allgemeinen.

Wirkungsweise der Castration. Begründung der Indicationen 1
Wirkung durch directe Entfernung eines Reizheerdes und
Begründung der Indicationen dadurch 1. Wirkung durch
den künstlichen Klimax 2. Quellen unserer Kenntnisse über
die Folgen des künstlichen Klimax 3. Einfluss des künstlichen Klimax auf den Sexualschlauch und seine Functionen 3. Einfluss des künstlichen Klimax auf den Organismus im Allgemeinen 4. Begründung der Indicationen durch
die localen Effecte des künstlichen Klimax 5. Pathologischanatomische Veränderung der Sexualorgane als Bedingung
der Castration 6.

Ursachen der Vorurtheile gegen die Castration und Zurückweisung der dieser Operation gemachten Vorwürfe ... 6
Zu starke Betonung des künstlichen Klimax. Missverständnisse durch Aufstellung einer allgemeinen Indication 6.
Unrichtige Einzelindication 6. Schlecht motivirte Operationen bei intactem Sexualschlauch 7. Ungegründete
Vorwürfe gegen die Castration 8. Schlecht verstandene
conservative Chirurgie 9.

Zur Begriffsbestimmung der Castration. Allgemeine Betrachtung der in Begleitung von Sexualerkrankungen auftretenden Neurosen 10
Castration als Collectivbegriff. Nothwendigkeit einer gewissen Trennung der einzelnen Operationen 11. Ungerechtfertigte, zu weit gehende Trennung 11. Schwierigkeit der
Unterscheidung reiner Neurosen von anderen Affectionen 13.
Aufzählung der wichtigsten Genitalneurosen 13.

— VI —

Seite

II. Der ursächliche Zusammenhang zwischen Sexualleiden und Neurosen 14
Gleichzeitigkeit pathologischer Veränderungen im Sexualsystem und Neurosen 15
Sitz der Neurose 16
Die Lendenmarkssymptome und ihr Verhältniss zum Genitaltract 16. Lendenmark als Sammelplatz der Genitalnerven 16. Die überwiegende Häufigkeit der Lendenmarkssymptome beim Weib gegenüber dem Manne 17. Selbstständige Affectionen des Lendenmarks und Beeinflussung von anderer Seite als von dem Sexualsystem 18. Rückwirkung der durch anderweitige Ursachen bedingten Störung im Lendenmark auf die Sexualorgane 19. Die Bedeutung der Lendenmarkssymptome für den Nachweis des ursächlichen Verhältnisses zwischen Sexualleiden und Neurosen 20. Die Aura in den Genitalnerven 20. Die von den Genitalnerven aus allmählig sich weiter fortsetzende Verbreitung der Neurosen 21. Die Beschränkung der Neurosen auf die Körperseite, in welcher die pathologische Veränderung sich findet 21. Wechsel entfernter Symptome mit Genitalerscheinungen 21. Prädilection gewisser Nervenbezirke zur Erkrankung bei Genitalleiden 22. Coincidenz gewisser Neurosen mit gewissen Genitalleiden 22.

Zeitliches Verhältniss zwischen Neurose und gewissen Phasen des Geschlechtslebens 22
Menstruelle Neurosen 22. Verschwinden der Neurose während einer bestimmten Phase des Geschlechtslebens 25. Beginn der Neurose mit dem Beginn der anatomischen Veränderung 25.

Verhältniss des Neurose zum Umfang und zur Intensität des pathologischen Befunds 25

Künstliche Erzeugung und Hemmung der nervösen Anfälle. . 26
Gesetz der stellvertretenden Reize. Das ausgefahrene Geleise 27. Die Hemmung durch stellvertretende Reize 28. Centrale Neuralgia ovarica durch Druck auf den Eierstock ausgelöst 29.

Experimentalbeweis für den Causalnexus zwischen Neurose und Sexualleiden 29

Genese der Neurosen 30
Erster Angriff auf die Nerven 30. Druckneurosen 31. Zerrungsneurosen 31. Combinationen des Drucks und der Zerrung 32. Nervöse Irritation durch partielles oder voll-

ständiges Blosliegen der peripherischen Nervenenden 34.
Fortschreiten der nervösen Affection von dem Angriffspunkt
aus 35. Nervöses Allgemeinleiden 35. Antheilnahme der
Psyche 35. Circulus vitiosus 36.

Berechtigung des Indicienbeweises für den Causalnexus . . . 36

Die Exclusionsmethode 36
Localerkrankungen anderweitiger Art als Ursache von Neurosen 37. Sexualleiden als Mittelglied in der Causalkette 37.
Aetiologie primärer allgemeiner Neuropathie 38. Angeborene Anlage ohne Degenerationszeichen 38. Angeborene
Anlage mit Degenerationszeichen, Bildungsfehlern 39. Bildungsfehler der Genitalien und Neurosen 39. Ursprung der
Bildungsfehler 39. Leichtes Uebersehen der Bildungsfehler 40.
Verhältniss der Bildungsfehler und Neurosen 42. Die erworbenen Neuropathieen 43. Mangelhafte körperliche Erziehung und Pflege 43. Fehlerhafte geistige Erziehung 44.
Nichtbefriedigung des Geschlechtstriebs 45. Onanie, Präservativmittel, Impotenz des Mannes 45. Psychische Noxen 47.
Einfluss schwerer acuter und chronischer Krankheiten 48.
Schädlichkeiten des socialen Lebens 48.

Verhältniss zwischen einem gleichzeitigen Sexualleiden und
einer durch anderweitige Ursachen hervorgerufenen allgemeinen Neuropathie 49
Coeffect 49. Circulus vitiosus 49. Erzeugung des Sexualleidens durch die nervöse Erkrankung 49.

III. Zur Iudicationsstellung der Castration bei Neurosen . . 50

Nothwendigkeit einer genauen Abschätzung der einzelnen ursächlichen Factoren 50

Ist durch die Castration das in dem pathologischen Vorgang
liegende ursächliche Moment der Neurose zu beseitigen? . 51
Isolirte Erkrankung des Eierstocks und der Tube 51. Uteruserkrankungen 52. Entzündungszustände der Uterinanhänge 53.
Schrumpfungsprozesse der Ligamente 54.

Formulirung der Indication 56

Combination der Anzeigen 57

Ueber Indication bei Abwesenheit pathologischer Veränderungen
der Sexualorgane 58

IV. Die Misserfolge der Castration ... 60

Fehlerhafte Indicationsstellung 60

Unvollkommene technische Ausführung 60

	Seite
Circumscripte Peritonitis und Parametritis. Die Kapsel um die Ligatur. Schwielen und Stränge	62

Anatomisches und Verlauf 62. Das Schnürstück und die Ligatur als Ursache 64. Erkrankte Tube als Ursache 65. Sehr späte Recidive der Beschwerden als Folge nachträglicher Schrumpfungen 66. Darmadhäsionen und schmerzhafte Peristaltik 66. Exsudatknoten und Schrumpfungsprozesse als Ursachen irregulärer und typischer Blutungen 66. Die für die Ovulation stellvertretenden Reize zur Herbeiführung der Menstruation 66. Mittel zur Verhütung entzündlicher Prozesse 69.

Fehlerhafte Vernarbung und Neurosenbildung	70
Hochgradige Erschlaffung der Bauchdecken und Bauchbruch .	70

Herabsetzung des intraabdominellen Drucks 71. Druckdifferenz zwischen Vagina und Abdomen 71. Hyperämieen und Hypertrophieen in Folge der abnormen Druckverhältnisse 72. Nervöse Symptome durch Zerrung der Ligamente der Bauch- und Beckeneingeweide 73. Der Ermüdungsschmerz in der Lendengegend durch die stete Spannung der Rückenstrecker bei Insufficienz der Bauchmuskeln 74. Mittel zur Verhütung der Nachtheile einer Insufficienz der Beckenbauchwände 76.

Mangel au Schonung. Beaufsichtigung und Nachbehandlung nach der Operation	76
Die durch den Klimax bedingten nervösen Störungen. . . .	77
V. Schlusswort. Neuropathologie. Psychiatrie u. Gynäkologie	78

I. Castration im Allgemeinen.

Ehe ich mein eigentliches Thema behandle, muss ich eine kurze Erläuterung über Castration im Allgemeinen und einige historische Bemerkungen vorausschicken, um die Verwirrung zu beseitigen, welche in dieser Sache einzureissen droht und alles richtige Verständniss verhindert. Auf dem diesjährigen internationalen medicinischen Congress hat sich klar herausgestellt, dass die falschen Auffassungen, selbst bei den Gynäkologen von Fach, gewöhnlich sind. Unter den Gegnern der Castration giebt es solche, welche sie im Sinne der Urheber, jedoch unter verschiedener Benennung, ausführen, und Andere, welche deren Principien verfolgt zu haben glauben, in Wirklichkeit aber ganz davon abgewichen sind und nun, nach Erlangung schlechter Resultate, die ganze Operation abfällig beurtheilen.

Heilzwecke lassen sich durch die Castration auf zweierlei Weise erreichen, entweder durch die Wegnahme eines degenerirten, als unmittelbarer Reizheerd wirkenden Gebildes, oder durch die Folgen eines Ausfalls der Eierstocksfunction, durch den sogenannten anticipirten oder künstlichen Klimax.

Im ersten Fall ist das Ovarium selbst meist bedeutend pathologisch verändert und bildet jenes Irritationscentrum. Doch kann auch die Umgebung, das Ligament oder die Tube, primär und hochgradig erkrankt sein. Der Eierstock, welcher gleichzeitig und fast stets intensiv afficirt ist, wird theils desshalb, theils aus technischen Rücksichten, ebenfalls weggenommen. Man lässt ihn auch darum nicht gern zurück, weil seine Schonung, z. B. beim Pyosalpinx, keinen Zweck haben und nur schädlich werden könnte. Hierbei fällt freilich die Ovulation auch aus; aber dies ist nicht das Mittel, durch welches wir wirken wollen. Der kranke Theil müsste entfernt werden, auch wenn er mit der Ovulation gar nichts zu thun hätte und der künstliche Klimax ist nur ein Accidens, oder wie Tauffer[1]) richtig bemerkt, etwas Unabweisbares, was man nothgedrungen mit in den Kauf nimmt und auch wohl entbehren könnte.

Die Begründung einer Indication durch die Entfernung eines Organs, welches an und für sich, in Folge seiner pathologischen Veränderung, heftige Beschwerden und Gefahren bedingt, dürfte wohl keinem Anstand unterliegen. Auch eine einseitige Entfernung des Eierstocks kann dadurch motivirt werden. — Sehr viele Castrationen gehören in diese Kategorie, wie die bei kleinen Neubildungen, kleincystischer Follikularentartung und Stromadegeneration, die bei entzündlichen Prozessen des Ligaments und bei Salpingitis.

Wirkung durch den künstlichen Klimax. Die Berechtigung zu einer Castration, welche lediglich die Beendigung der Ovulation zum Zweck hat, ist etwas schwieriger darzuthun und muss auch schon desswegen in ganz besondere Erwägung gezogen werden, da es sich dabei zuweilen um ein gesundes Organ handelt. Leider kennen wir bis jetzt kein unschuldigeres Mittel, welches die Eierstocksfunction aufhebt. Vielleicht findet man einmal ein solches, welches diese Wirkung auf die Dauer, oder noch besser, für eine gewisse Zeit hat. Der Morphinismus scheint mit grosser Sicherheit Amenorrhoe und temporäre Sterilität, durch Sistirung der Ovulation[2]), hervorzubringen, wenn auch einzelne

---

[1]) Beiträge zur Lehre der Castration der Frauen, Zeitschr. f. Geburtsh. u. Gynäk. Bd. IX.

[2]) Burkart. Die chron. Morphiumvergiftung und deren Behandlung. 1880, pag. 48. 97. — Levinstein. Die Morphiumsucht. 3. Aufl.

Ausnahmen vorkommen. Allein man wird sich wohl nicht leicht zu einer derartigen Therapie entschliessen.

Wir schöpfen unsere Kenntnisse über die Folgen einer Exstirpation der Keimdrüsen aus den Wahrnehmungen an Personen mit angeborenem Defect der Ovarien, aus Untersuchungen und Erfahrungen an castrirten Thieren, aus Beobachtungen an Personen, bei denen die Eierstöcke durch Krankheit zerstört sind, und an Frauen im natürlichen Klimax. Durch letztere, sowie durch das grosse Material, welches die zahlreichen Operationen der Neuzeit geliefert haben, ist uns auch Aufklärung geworden über den Einfluss, welchen das Aufhören der Ovulation auf gewisse pathologische Zustände ausübt, während die anderen angeführten Erfahrungen mehr die physiologischen Zustände berühren. *Quelle unserer Kenntnisse über die Folgen des künstlichen Klimax.*

Bei der Verwerthung der erwähnten Quellen muss man natürlich vorsichtig sein. Bei angeborenem Defect sind complicirte Verhältnisse häufig vorhanden und die Missbildung nicht stets auf die Generationsorgane beschränkt. Bei den Operirten und den Frauen im Klimax können andere Factoren, wie Krankheitszustände, höheres Alter, bei dem Zustandekommen gewisser Folgen mitwirken. Die Resultate der Castration bei Thieren lassen keinen unbedingten Schluss auf den Menschen zu.

Ohne sichergestellte Ausnahme sah man bei Personen mit angeborenem Defect der Eierstöcke auch Defect oder rudimentäre Bildung des Uterus. Die Menstruation erscheint nicht und auch Molimina menstrualia fehlen. Dem entsprechend bildet sich der Uterus bei Thieren, welche in der Jugend castrirt worden sind, nicht aus oder atrophirt, wenn dies später geschehen ist. Die Brunst kommt nicht zu Stande, oder schwindet, wenn sie da war. Bei castrirten Frauen schrumpft die Gebärmutter und die Menses bleiben aus. Dasselbe geschieht im natürlichen Klimax, dessen Einfluss auf patho- *Einfluss des künstlichen Klimax auf den Sexualschlauch und seine Functionen.*

1883, pag. 20. — Erlenmeyer, Die Morphiumsucht und deren Behandlung. 1883, pag. 23.

logische Vergrösserungen des Fruchthälters schon lange die Aufmerksamkeit der Aerzte erregt hat. Die Verkleinerung des Uterus ist nur das Beispiel eines allgemeineren Gesetzes, nach welchem der angeborene Defect einer Drüse die Ausbildung ihres Ausführungsganges verhindert, und die erworbene Atrophie den Schwund desselben nach sich zieht. Die castrirten Frauen zeigen hiervon einzelne Ausnahmen, welche jedoch selten sind und die allgemeine Regel nicht umzustossen vermögen. Sie sollten zur Aufspürung der besonderen ursächlichen Momente in dem einzelnen Fall, nicht zur Bestreitung des ganzen Zusammenhangs führen. Meist findet man auch jene Ursache, und die Thierärzte sind uns hier bereits mit gutem Beispiel vorangegangen.

Jene Thatsachen stehen fest, wenn auch die näheren Details des Zusammenhangs zwischen Ovulation und Menstruation nicht erforscht sind und wir eigentlich blos die zwei Endglieder der Kette[1] kennen. Gerade im Interesse der uns hier beschäftigenden Frage muss man dies sehr bedauern, da das Nervensystem dabei sicher die Hauptrolle spielt.

Einfluss des künstlichen Klimax auf den ganzen Organismus.
Der Einfluss, welchen der Ausfall der Ovulation auf den ganzen Körper, sowie auf seine übrigen Organe und Systeme ausübt, ist wenig erforscht und nicht viel Positives darüber bekannt. Die Studien Puech's[2] über den angeborenen Defect der Eierstöcke haben selbst sehr gegründete Zweifel erweckt, ob der weibliche Körpertypus im Allgemeinen, die Ausbildung der Brüste und äusseren Genitalien, der Timbre der Stimme, die eigenthümliche Sinnesart und Denkweise der Frau an die Gegenwart der Eierstöcke geknüpft sei. Der Spruch: „Propter solum ovarium mulier est, quod est" ist daher hinfällig geworden, kann wenigstens durchaus nicht mehr unbedingt angenommen werden.

Castrirte Thiere und Menschen zeigen meist eine grössere

---

[1] Neuerdings hat Löwenthal, „Eine neue Deutung des Menstruationsprocesses", Archiv f. Gynäk. Bd. XXIV, diese Lücke in geistreicher Art auszufüllen gesucht.

[2] Des ovaires et de leurs anomalies. Paris, Levy 1873.

Neigung zum Fettansatz, jedoch nicht etwa krankhafter Art, sondern mehr als Begleiterscheinung einer guten allgemeinen Ernährung, wenn nicht absichtlich bei Thieren Mastung angeordnet wird. Auch ist von den Thierärzten ein ruhigeres Temperament als Folge angeführt und mit dem Wegfall der Brunst in Verbindung gebracht. Bei männlichen castrirten Thieren, Ochs, Kapaun, ist dies sehr auffallend. Eine Herabsetzung des Begattungstriebs ist beim Menschen durchaus nicht constant.

Dies ist so ziemlich Alles, was uns über die Wirkung der Castration auf den Gesammtorganismus bekannt ist. Die zur Belehrung herbeigezogenen Zustände im natürlichen Klimax haben wenig weitere Aufklärung verschafft. Nicht selten treten in jener Zeit mannigfaltige nervöse Symptome und Circulationsstörungen auf, welche man als Compensationen für den aufhörenden Menstrualfluss auffasst [1]). Auf der andern Seite hat man aber auch Heilung schwerer Neurosen und selbst langjähriger Psychosen gesehen [2]), besonders, nachdem die unangenehmen Erscheinungen der ersten Zeit glücklich überwunden worden waren. Die Aufmerksamkeit ist leider wenig auf diese Punkte gerichtet gewesen, so dass sich mit den bisherigen Erfahrungen nicht viel anfangen lässt.

Auf die allgemeinen Effecte der Castration lässt sich, wenigstens nach dem heutigen Stande unseres Wissens, keine Indication stützen. Wohl aber ist eine Begründung möglich durch die ganz constanten localen Einflüsse der Operation auf die dem Eierstock benachbarten und mit ihm in gemeinsamer Function verbundenen Organe, besonders den Uterus. Anomalieen, pathologische Veränderungen dieses Organs und deren Consequenzen, Veränderungen der Menstruation, lassen sich durch den künstlichen Klimax treffen. Ein solcher Ideengang, verbunden mit der Kenntniss von dem Einfluss des natürlichen Klimax

Begründung einer Indication nur durch die localen Effecte des künstlichen Klimax möglich.

---

[1]) Tilt, The change of Life. 3. Edit. London 1879.
[2]) Falz, Westph. Gesellsch. f. Psych. u. Nervenkrankh. Berl. klin. Wochenschr. 1884, Nr. 21.

auf Gebärmutterkrankheiten, führte mich zur Castration bei Fibromen, welche sich endlich den ihr gebührenden Platz in der operativen Gynäkologie errungen hat und welche für die meisten Fälle die Myomotomie, deren grosse Gefährlichkeit, besonders bei intraperitonealer Stielversorgung, die neuesten Publicationen Hofmeier's (Schröder), Olshausen's und Martin's hinlänglich darthun, vollständig zu ersetzen vermag.

Nach dem Gesagten können die Indicationen der Castration nur durch die Entfernung eines directen Reizheerdes oder durch die Einwirkung des künstlichen Klimax auf locale Anomalieen oder Erkrankungen der Sexualorgane begründet werden. Daraus folgt von selbst, dass irgend eine pathologisch-anatomische Veränderung des Eierstocks, des Uterus und seiner Anhänge oder auch der Scheide vorhanden sein muss.

Pathologisch-anatomische Veränderung der Sexualorgane ist nothwendige Bedingung für die Castration.

Die starke Betonung des „künstlichen Klimax" durch Battey hat viele Missverständnisse erzeugt und starke Vorurtheile gegen die Operation hervorgerufen. Der Name „normal ovariotomy", sowie die von rein theoretischem Standpunkte ganz richtige, allgemeine Indication, nach welcher bei allen schweren Erkrankungen, welche nur durch den Klimax heilbar seien, die Castration gemacht werden solle, gaben zu ganz falschen Anschauungen Anlass. Hiernach glaubte man, es handle sich stets oder gewöhnlich um Exstirpation gesunder Eierstöcke, oder selbst um Castration bei auch sonst intactem Sexualapparat. Ausserdem aber entstand die Meinung, dass die Beseitigung der Ovulation gegen alle möglichen schweren Erkrankungen, besonders nervöser Art, empfohlen werde; auch gegen solche, bei welchen der Geschlechtsapparat nicht betheiligt, wenigstens nicht pathologisch verändert sei.

Ursachen der Vorurtheile gegen die Castration und Zurückweisung der dieser Operation gemachten Vorwürfe.

Zu starke Betonung des künstl. Klimax.

Missverständnisse durch Aufstellung einer allgem. Indication.

Unrichtige Einzelindication.

Battey[1]) hat leider auch weiterhin durch Aufstellung einer Einzelindication jene falsche Anschauung noch gefördert „in cases of long protracted physical and mental suffering, dependent upon monthly nervous and vascular perturbations,

---

[1]) Transact. of the Americ. Gynaec. Soc. 1877.

which have resisted persistently all other means of cure, the question of a resort to the operation is to be commited to the prudent judgement of the conscientious practitioner in each particular case". Wie man sieht, drückt er sich jedoch äusserst vorsichtig aus und hat, soweit ich seine Berichte kenne, selten eine Castration bei intactem Sexualschlauch vollzogen. M. Sims, welcher als einer der Ersten für das Verfahren eintrat, hat dies nie gethan. Ueberhaupt haben die vielgeschmähten Amerikaner im Allgemeinen solche Eingriffe gar nicht so häufig gemacht, als man gewöhnlich behauptet. Dagegen haben Engländer und Deutsche, ohne genügende Kenntniss oder wenigstens ohne volles Verständniss der vorhandenen Literatur, solche Operationen in nicht ganz geringer Zahl vollzogen. So hat Olshausen allein viermal ohne pathologisch-anatomische Unterlage castrirt, um freilich nachher, anstatt diese schlechte Resultate seiner fehlerhaften Indicationsstellung zuzuschreiben, das ganze Verfahren zu bekritteln. Nur schwer kann man den Gedankengang, welcher zu derartigen unberechtigten Eingriffen geführt hat, verfolgen. Die veraltete Ansicht, nach welcher sogenannte Hysterie stets mit dem Genitalsystem zusammenhänge, und die ebenso falsche Meinung, nach welcher jede von den Sexualorganen ausgehende Neurose durch Castration heilbar sei, mögen eingewirkt haben. Die in einzelnen Fällen vorhandene zeitliche Congruenz des nervösen Anfalls mit der Menstruation kann schwerlich als genügender Grund angesehen worden sein. Das „Drängen der Verwandten" darf wohl auch nicht zur Motivirung einer Anzeige verwendet werden.

 Jene verfehlten Operationen haben den Gegnern willkommene Angriffspunkte gegeben, welche sie auch gründlich ausnützten, freilich häufig mit falschen Unterstellungen, indem sie das, was hie und da einmal geschehen war, für die Regel ausgaben und es auch denen in die Schuhe schoben, welche sich von Anfang an ausdrücklich gegen Eingriffe der bezeichneten Art erklärt hatten. So wurde die unberechtigte Exstirpation des gesunden Hodens, bei sog. irritable testis, neben die

[margin: Schlecht motivirte Operationen bei intactem Sexualsystem.]

[margin: Ungegründete Vorwürfe gegen die Castration.]

ebenso wenig gerechtfertigte Wegnahme des gesunden Eierstocks bei Ovarialgie gestellt. Der betreffende Vorwurf wurde dann nicht etwa nur denen gemacht, welche sich so etwas erlaubt hatten, wofür ich übrigens nur sehr vereinzelte Beispiele kenne, sondern an meine Adresse gerichtet. Dass ich nicht nur ausdrücklich eine anatomische Veränderung, sondern den Nachweis des Causalnexus zwischen dieser und der Neurose verlangt hatte, wurde nicht berücksichtigt. Man könnte an eine unredliche Absicht denken, wenn man nicht wüsste, wie schwer manchen Leuten ein richtiges Verständniss und ein Abgehen von vorgefassten Meinungen ist.

Selbst die Castraten des Orients und die Eunuchen des Harems mussten aufmarschiren, bei welchen die Wegnahme der Keimdrüsen, beziehungsweise der Begattungswerkzeuge, doch in ganz anderer Absicht, als zur Erreichung eines Heilzwecks, geschieht. Die Verstümmelung des Weibes wurde vielfach als Argument gegen die Operation hervorgehoben.

Solche verkehrte Einwände zerfallen in sich selbst, wenn man die pathologischen Befunde, bei welchen die Castration in Frage kommt, etwas näher ins Auge fasst. Da hat man kleine adenomatöse und papilläre Kystome, Dermoide, hochgradige kleincystische Follikularentartung mit Stromadegeneration, entzündliche Prozesse der Anhänge mit Pyosalpinx, Bildungsfehler, Fibromyome, sehr bedeutende und nicht corrigirbare Anomalieen der Lage und Form des Uterus u. a. Kurz, die schwersten Veränderungen sind der Castration vorbehalten, bei denen an eine normale Thätigkeit des Organs nicht mehr gedacht werden kann, während die unter abnormen Bedingungen fortdauernde Function nur zu den grössten Leiden und Beschwerden führt. Von Verstümmelung kann da keine Rede sein, wo dieselbe schon längst besteht, ehe das Messer in die Hand genommen wird. Kein Chirurg würde sich auch nur einen Augenblick besinnen, solche entartete Organe wegzuschneiden, sobald sie sich an der Oberfläche des Körpers befänden. Nur die Gefahr für das Leben, bei der besondern Lage der Eierstöcke, kann noch Bedenken und Rücksichten bedingen. Conservative Chirurgie ist ein hübscher Ausdruck und hat einen guten Klang, besonders für den Laien. Jeder wird auch gern erhalten da, wo ein einigermassen gut functionirendes Organ oder wenigstens ein solches, welches dem Besitzer nicht beständige Qualen bereitet, geschont werden kann. Welchen Werth aber hat die Conservirung degenerirter Ovarien oder der Eierstöcke, an welchen eine eitergefüllte Tube mit verschlossenem Trichter adhärirt? Zu welchem Zweck lässt man ohne Risiko entfernbare Ovarien zurück, nachdem man einer Kranken mit grosser Lebensgefahr ein Fibrom nebst einem Theil des Uterus weggeschnitten oder eine solche Geschwulst aus den tiefern Schichten der Muscularis enucleirt hat? Concipirt die Operirte, so ist sie allen Gefahren einer Ruptur oder einer mangelhaften Thätigkeit des verstümmelten oder wenigstens von Narben durchsetzten Organs während der Geburt preisgegeben. Glücklicherweise wird dies wohl kaum je eintreten, da die schon vorher bestandenen oder sich nach der Operation ausbildenden Veränderungen in der Tube und im Uterus die Empfängniss verhüten werden. Aber dann ist es auch ganz unnöthig, die Frau der Gefahr eines Weiterwucherns schon bestehender, oder der Neubildung frischer Fibromknoten auszusetzen. Die Erkrankung ist ja fast nie eine isolirte. Wenn auch die Gefässverödungen und Gewebsschrumpfungen nach der Operation jene Rückfälle seltener machen werden, so kommen sie doch vor und ich habe selbst zwei Recidive (nicht etwa Recrudescenzen bei unvollkommener Exstirpation), nach Enucleation von der Scheide aus, erlebt. Die eine Geschwulst war nur klein; die andere aber ragte bis zum Nabel und drang in die tieferen Schichten des Muscularis ein. Der eine Fall ist mir noch besonders in der Erinnerung geblieben, weil die Frau, in der ganz ungegründeten Furcht einer malignen Degeneration, sich selbst das Leben nahm. Neuerdings theilt Martin[1]) mit, dass er unter neun Fällen der Enucleation durch Bauch-

Schlecht verstandene conservative Chirurgie.

---

[1]) Pathologie und Therapie der Frauenkrankheiten pag. 229.

schnitt bereits zweimal Recidive gesehen hat und dass er genöthigt gewesen ist, desswegen einmal die Amputatio supravaginalis nachträglich vorzunehmen.

Auch die Schonung eines anscheinend gesunden Eierstockrestes, bei Exstirpation doppelseitiger Adenokystome, kann nur als falsche Auffassung der Grundsätze conservativer Chirurgie angesehen werden. Die bezweckte Erhaltung der Conceptionsfähigkeit dürfte schwerlich je erreicht werden. Liefert das Residuum der Keimdrüse auch wirklich einmal ein gesundes Ei, so ist die Frage, ob es durch die bereits vor der Operation fast stets bedeutend veränderte Tube weiter befördert werde. Diese Chance verringert sich noch mehr durch die häufig eintretenden, wenn auch nur leichten Adhäsivprozesse, am Ovarialrest und Tubentrichter. Schon aus diesem Grunde hat auch die Herstellung eines künstlichen Trichters bei Hydrosalpinx und gesundem Ovarium, wie sie Schröder ausgeführt hat, keinen Vortheil; abgesehen davon, 'dass mit jener die Structurveränderungen in der Wand und besonders in Schleimhaut und Epithel, wie sie den Hydrosalpinx stets begleiten, nicht rückgängig gemacht werden.

Gegenüber diesen, also höchst problematischen Chancen der Conceptionsfähigkeit, wo es, im Falle des Gelingens, vielleicht eher zur extrauterinen, als intrauterinen Schwangerschaft kommen möchte, stehen sehr reelle Gefahren. Die Operation dauert länger und ist complicirter, daher gefährlicher. Recidive aus Stielresten sind nichts Unerhörtes, natürlich, bei Zurücklassuug eines Ovarialrestes, viel mehr zu fürchten. Aber auch maligne Degenerationen, anscheinend gutartiger Adenokystome, sind bei Recidiven beobachtet und gerade bei doppelseitiger Erkrankung liegt stets ein Verdacht nahe. Jeder Rest sollte auf das Sorgfältigste entfernt und nichts zurückgelassen werden.

Zur Begriffsbestimmung der Castration.

Die Lehre der Castration hat bereits zu erfolgreichen Untersuchungen geführt. Das Verhältniss der Sexualleiden zu nervösen Erkrankungen ist vielfach aufgeklärt worden.

Die Pathologie und Diagnostik der Fibrome, der kleineren Anschwellungen in den Uterinanhängen, sowie der Bildungsanomalieen der Genitalorgane hat manche Bereicherung erhalten. Hierher gehört auch die Auffindung der merkwürdigen Wellenbewegung in den Lebensprozessen des Weibes, welche von Goodman[1]) herrührt und nach den Untersuchungen, welche Reinl[2]) in meiner Klinik ausgeführt hat, wohl keinem Zweifel unterliegt.

Der Werth eines Themas zeigt sich nicht blos durch solche Eröffnungen neuer Gesichtspunkte und den Anstoss zu Forschungen, sondern auch durch die, gewöhnlich bald eintretende, Nothwendigkeit einer gewissen Trennung. Da ich von Anfang an die pathologische Anatomie der ganzen Lehre zu Grunde legte, so ergab sich für mich sehr frühe eine solche Scheidung von selbst und ich sprach auch schon vor längerer Zeit aus, dass man vielleicht in Zukunft die Exstirpation kleiner Tumoren und die des Pyosalpinx absondern müsse[3]). Das ist nun von anderer Seite in einem mehr als ausreichenden Grade geschehen, so dass jetzt schon Manches unter falscher Flagge segelt[4]). Ich glaube nun nicht, dass

Castration als Collectivbegriff. Nothwendigkeit einer gewissen Trennung der einzelnen Operationen.

Ungerechtfertigte, zu weit gehende Trennung der Operationen.

---

[1]) The cyclical Theory of Menstruation. American Journal of Obstetric. Vol. XI, p. 673. 1878.

[2]) C. Reinl, Die Wellenbewegung der Lebensprozesse des Weibes. — Volkmann's klin. Vortr. Nr. 243. Gynäk. Nr. 67, 1884.

[3]) Hegar u. Kaltenbach, Operative Gynäkologie. 2. Aufl., pag. 325.

[4]) Man macht seine Prioritätsansprüche nicht gern geltend und liest im Allgemeinen auch nicht gerade mit Vorliebe solche Reclamationen. Eine solche ist für mich jedoch zur Nothwendigkeit geworden, weil ich sonst Gefahr laufe, dass mir alles werthvolle Eigenthum entzogen und dafür fremde, nichtsnutzige Waare in die Tasche geschoben wird. Operationen, wie die Exstirpation kleiner Eierstocksgeschwülste, der Eierstöcke gleichzeitig mit den degenerirten Tuben, der follikularcystisch entarteten Ovarien, welche ich als Castration vollzogen und beschrieben habe, führt man unter anderem Namen auf, ohne mich zu erwähnen, wie dies z. B. von A. Martin geschehen ist.

Aus der Castration bei Fibrom macht Lawson Tait eine Exstirpation sämmtlicher Uterinanhänge und stellt zur Rechtfertigung eine man gut daran thue, das Thema so vollständig zu zerreissen. Die einzelnen Theile haben viel Gleiches und Aehnliches, so dass auch die formelle Behandlung keinen Schwierigkeiten unterliegt, während man im Gegentheil bei ganz gesonderter Besprechung zu zahlreichen Wiederholungen genöthigt wäre und auch sehr leicht neue Missverständnisse hervorrufen würde. Die Unterschiede lassen sich doch gut hervorheben. So ist auch hier, bei der uns jetzt beschäftigenden Frage, die Behandlung von einem gemeinsamen Gesichtspunkt sehr wohl möglich und sogar vortheilhaft. Ich werde daher an dem **Collectivbegriff der Castration, so wie er sich historisch entwickelt hat, festhalten.**

---

höchst merkwürdige Menstruationstheorie auf, nach welcher nicht die Eierstöcke, sondern die Tuben den Anstoss zur Periode geben; eine Theorie, an welche er wohl selbst nicht im Ernst glaubt.

Dann macht sich ein Jeder seine eigene Definition der Castration. Der Eine will blos die Wegnahme gesunder Eierstöcke darunter verstanden wissen, der Andere scheidet die kleinen Tumoren aus, der Dritte verlangt, dass jedesmal die beiden Ovarien entfernt werden. Dabei wird nicht berücksichtigt, dass die Chirurgen auch und fast ausschliesslich den Namen Castration bei der Exstirpation kranker Hoden gebrauchen und ihn auch auf die Wegnahme nur eines Hodens anwenden. Vor Allem berücksichtigt man aber die historische Entwickelung und die Urheber der Operation nicht, welche wohl auch das Recht haben, bei der Begriffsbestimmung etwas gehört zu werden. Wollte doch selbst Battey unter seiner „Normal Ovariotomy" durchaus nicht die ausschliessliche Exstirpation gesunder Ovarien verstanden haben.

Schliesslich kann es, wenn die Sache so weiter geht, dazu kommen, dass mir, welcher ich von Anfang an nur bei bedeutenden pathologischanatomischen Veränderungen des Sexualschlauchs die Operation gelten liess, nichts weiter übrig bleibt, als die Exstirpation gesunder Eierstöcke bei intactem übrigen Genitalapparat wegen Neurosen, ein Verfahren, gegen welches ich mich von Anfang an erklärt habe (Die Castration der Frauen pag. 94).

Man vergleiche in Bezug auf Exstirpation kleiner Geschwülste und Tubenerkrankung Centralbl. für Gynäkol. 1878, Nr. 2, pag. 38. Castration der Frauen Volkmann's klin. Vorträge Nr. 136—138. Gynäk. 42, pag. 91, 112, 113, 114, 137; Operationsfall Tabelle Nr. 5; Hegar und Kaltenbach, Operat. Gynäk. 2. Aufl., 1880, pag. 342, 352, 365.

Eine gewisse Schwierigkeit begegnet uns, wenn wir eine scharfe Begriffsbestimmung der Neurose, an welcher im Folgenden unbedingt festzuhalten wäre, geben sollen. Gerade bei dem Sexualapparat ist es nicht leicht, die directen Folgen eines entzündlichen Prozesses oder eines mechanischen Missverhältnisses und rein nervöse Erscheinungen auseinander zu halten. Freilich muss schliesslich auch eine solche ihre Ursache haben und wir haben vielleicht kaum ein Recht zu sehr scharfen Unterscheidungen. Glücklicherweise hilft uns ein Umstand meist über alle Schwierigkeit hinaus. Schon die alten Aerzte wussten, dass gewisse Organe durch ihre Erkrankungen einen besonderen Einfluss auf das ganze Nervensystem, auch auf die Psyche, ausüben, während bei anderen, deren Bedeutung sonst selbst eine grössere sein kann, dies nicht stattfindet. Zu den letzteren gehören die Lungen, zu den ersteren der Magen und in hohem Grade der weibliche Geschlechtsapparat. So kommt es denn, dass selten nur einzelne, durch den Reiz ganz direct hervorgebrachte nervöse Erscheinungen vorhanden sind, sondern mehrere, darunter oft solche in entfernter liegenden Körpertheilen oder selbst ganze Complexe. Der Reiz macht offenbar zahlreiche Uebergänge und durchläuft viele und selbst ausgedehnte, sowie ungewöhnliche Bahnen, so dass dann an der sogenannten consensuellen oder reflectorischen Natur der Symptome nicht zu zweifeln ist.

Einer jener Complexe hat nun die Aufmerksamkeit der Gynäkologen in hohem Grade erregt. Derselbe besteht aus bald mehr, bald weniger zahlreichen, in den verschiedensten Combinationen verbundenen Erscheinungen, welche sich sämmtlich in den Zweigen des Plex. lumbalis und sacralis abspielen. Ich habe, um einen kurzen Ausdruck zu gewinnen, den Complex als Lendenmarkssymptome bezeichnet. Dazu gehören Weh und Gefühl der Abgeschlagenheit im Kreuz, die Schmerzen in den Regiones iliacae, Ziehen und Reissen in Hüften und Beinen, die Halblähmung der unteren Extremitäten, die Coccygodynie, die Anästhesie und Hyperästhesie des Introitus vaginae, Beschwerden bei der Harn- und Stuhlentleerung u. a.

Selten findet man eine Neurose in Körpertheilen, welche entfernt von den Sexualorganen liegen, ohne dass gleichzeitig solche Symptome ebenfalls vorhanden sind. Erscheinungen in Nerven, welche aus höheren Abschnitten des Rückenmarks entspringen, besonders aber solche in Organen, welche vom Vagus und reichlich vom Sympathicus versorgt werden, schliessen sich jenem Complex an oder sind auch wohl von Anfang an da. Dahin gehören Intercostalneuralgieen, Mastodynie, Cardialgie, Erbrechen, Globus, Aphonie, Husten, Asthma, Delirium cordis u. a.

Unter den Gehirnnerven scheint der Trigeminus häufig afficirt zu sein. In neuester Zeit ist von Ohrenärzten und Ophthalmologen der Zusammenhang zwischen Sexualleiden und Affectionen der Sinnesorgane vielfach besprochen worden[1]. Endlich wurden auch die sogenannten grossen und allgemeinen Neurosen, wie Chorea, Epilepsie, Hysteroepilepsie und selbst Psychosen mit Erkrankungen der Sexualorgane in Verbindung gebracht.

II. Der ursächliche Zusammenhang zwischen Sexualleiden und Neurosen.

Hat man einen pathologischen Befund des Genitalapparats und eine Neurose, so entsteht zunächst die entscheidende Frage nach dem Causalnexus. Der Beweis, dass das Sexualleiden die ausschliessliche Ursache der nervösen Erscheinung

---

[1] Weber-Liel, Ueber den Einfluss sexueller Irritationen auf Affectionen des Gehörorgans. Wiener med. Blätter 1883, Nr. 44 u. 45. — Verhandlungen der Academy of Medicine in Ireland. Obstetrical section. The medical Press 1883, March, pag. 203. — Förster, Beziehungen der Allgemeinleiden und Organerkrankungen zu Veränderungen und Krankheiten des Sehorgans. Handb. d. Augenheilk. v. A. Gräfe u. Sämisch. VII. Bd. 1. H. pag. 88 ff. — A. Mooren, Gesichtsstörungen und Uterinleiden. Knapp-Hirschberg's Archiv f. Augenheilk. X.

sei, ist dabei nicht nothwendig. Bei der Erzeugung eines einzelnen Symptoms oder einer ganzen Symptomenreihe concurriren ja fast stets mehrere, selbst zahlreiche Momente von verschiedener Bedeutung. Dass die Affection der Geschlechtsorgane ein **integrirender Factor** bei dem Ursprung der Beschwerden, also ein solcher sei, ohne welchen sie nicht entstehen würde, muss festgestellt werden.

Die **gleichzeitige Anwesenheit anatomischer Veränderungen im Sexualsystem und einer Neurose** beweist natürlich an und für sich nichts. Jene brauchen keine nervösen, überhaupt gar keine Erscheinungen hervorzurufen. Sie sind desshalb auch allein für sich zur Begründung der Indication nicht zu benutzen und ich kann daher einen bezüglichen Vorwurf, ich hätte besser gethan, auf sie ausschliesslich die Anzeigen zu stützen, nicht als richtig anerkennen. Pathologischer Befund und Symptome gehören zusammen. Wenn Jemand die hochgradigste anatomische Veränderung eines Körpertheils hat, ohne dass Beschwerden oder Gefahren vorhanden sind, so wird er sich wenig daraus machen. Bei Defect des Uterus und Gegenwart functionirender Eierstöcke, sind zuweilen durchaus keine unangenehmen Erscheinungen beobachtet worden; Placenta praevia kann ohne Blutung verlaufen; Personen mit hochgradiger Retroversion haben zuweilen nicht die geringste Klage. Junge Frauen haben mich, ihrer Sterilität halber, consultirt, bei welchen ich doppelseitigen Pyosalpinx, mit umfangreichen Exsudaten in der Umgebung, vorfand, gonorrhoischen Ursprungs. Vor Jahren war starker Ausfluss da gewesen. Später waren auch nicht die geringsten Beschwerden mehr vorhanden.

Das Ding, was wir mit einem Namen benennen, ist eben oft ein sehr verschiedenes. Eine anatomische Veränderung setzt ferner häufig gewisse Bedingungen voraus, wenn sie Effecte hervorrufen soll und diese sind nicht immer vorhanden. Endlich giebt es Compensationen, wie bei Krankheiten anderer Organe auch.

Gleichzeitigkeit pathologischer Veränderungen im Sexualsystem und Neurosen.

Sitz der Neurose.

Die Lendenmarkssymptome und ihr Verhältniss zum Genitaltract.

Das Lendenmark als ein Sammelplatz der Genitalnerven.

Grossen Werth hat man bei Entscheidung vorliegender Frage auf den Sitz der Neurose gelegt, und insbesondere werden die Lendenmarkssymptome nicht blos von Aerzten, sonden auch von den Laien auf den Genitaltract bezogen. Frauen, welche daran leiden, wenden sich gewöhnlich an den Gynäkologen, und daher mag es kommen, dass der doch so sehr scharf ausgeprägte Erscheinungscomplex, in den Lehrbüchern der Nervenpathologie, so kurz abgehandelt ist und sich in verschiedenen Kapiteln, wie denen über Spinalirritation, Neurasthenie versteckt findet. Jene vulgäre Ansicht über die Entstehung ist nicht ganz ohne Berechtigung. Die Sexualorgane haben zwar ihren eigenen, wie es scheint ziemlich selbstständigen Nervenapparat [1]). Allein wir wissen durch Goltz [2]), dass im Lendenmark eine Art Centrum oder ein Sammelplatz für die aus den Genitalien kommenden und dahin laufenden Nerven besteht, ebenso wie für Blase und Mastdarm, welche Organe alle ja in sehr innigem Consensus stehen. Alle Einwirkungen, welche den Sexualapparat treffen oder umgekehrt von ihm ausgehen, müssen entweder durch unmittelbare Berührung oder durch das Blut effectuirt werden, oder sie durchlaufen das Lendenmark und werden durch dieses vermittelt. Röhrig [3]) fand, dass gewisse Agentien, wie mechanische, thermische, einzelne chemische Substanzen, electrische Reize, bei directer Einwirkung Contractionen im Uterus hervorbringen, andere dagegen nicht und nur durch das Lendenmark eine Einwirkung zu bedingen vermögen. Zu

---

[1]) Rein, Beitrag zur Lehre von der Innervation des Uterus. Pflüger's Archiv 1880. Bd. XXIII, pag. 68. — Cohnstein, Zur Innervation der Gebärmutter. Archiv f. Gynäk. Bd. XVIII, H. 3. — J. Dembo, Zur Frage über die Unabhängigkeit der Contraction der Gebärmutter vom Cerebrospinalnervensystem. Biolog. Centralbl. 1884, Nr. 11.

[2]) Goltz, Ueber die Functionen des Lendenmarks des Hundes. Pflüger's Archiv Bd. VIII, pag. 460. — Goltz und Freusberg, Ueber den Einfluss des Nervensystems auf die Vorgänge während der Schwangerschaft und des Gebäracts. Pflüger's Archiv Bd. IX, pag. 552.

[3]) Röhrig, Experimentelle Untersuchungen über die Physiologie der Uterusbewegung. Virchow's Archiv Bd. 76, 1879.

letzteren gehören gerade solche Mittel, welche uns in hohem Grade interessiren, wie Ergotin, Strychnin, Calabar, Sabina, Chloralhydrat, Chloroform. Das asphyctische Blut und anämische Zustände wirken ebenfalls nur durch Influenzirung des Marks. Oser und Schlesinger hatten bereits die Betheiligung der Centren für die Einwirkung der Dyspnoe nachgewiesen [1]. Auch der Morphinismus scheint lediglich durch das Mark auf die Sexualorgane und ihre Function seinen mächtigen Einfluss auszuüben. Experimentell ist dies zwar nicht nachgewiesen. Allein die Wahrscheinlichkeit ist ja an sich schon gross und wird noch bestärkt durch gewisse Erscheinungen, welche die Betheiligung der unteren Abschnitte des Rückenmarks bei der Opiumvergiftung darthun: Schmerzen oder das Gefühl der äussersten Abgeschlagenheit im Kreuz, Zustände der Halblähmung in Blase und unteren Extremitäten, selbst ataktische Zustände in letzteren.

Goltz hat ferner auch die Abhängigkeit der Blutfüllung der Unterleibs- und Beckengefässe vom Lendenmark festgestellt.

Noch ein weiterer Umstand beweist die innigen Beziehungen des weiblichen Sexualapparats mit dem unteren Theile des Rückenmarks. Wir finden die Lendenmarkssymptome bei Frauen ausserordentlich viel häufiger und intensiver, als bei Männern. Das Sexualsystem und seine Functionen nehmen eben bei ersteren in ganz anderer Art jenes Centrum in Anspruch, als dies bei Männern geschieht, welche durch übertriebenen Geschlechtsgenuss freilich auch einmal lendenlahm werden.

Die überwiegende Häufigkeit der Lendenmarkssymptome beim Weib, gegenüber dem Manne.

Wenn man bei der Frage der Castration weibliches und männliches Geschlecht in Parallele stellt und daraus, dass von den Geschlechtsorganen abhängige Neurosen bei den Männern relativ seltener sind, schliesst, dass die bei den Weibern so

---

[1] W. Schlesinger, Ueber Reflexbewegungen des Uterus. Medic. Jahrb. 1873, pag. 1. — Oser und Schlesinger. Wiener med. Jahrb. 1872. I, pag. 57.

Hegar, Der Zusammenhang d. Geschlechtskrankh. m. nervösen Leiden. 2

oft vorkommenden, gewöhnlich auf den Genitaltractus bezogenen Neurosen, diesem nicht zugeschrieben werden dürften, so zeugt dies von wenig Ueberlegung. Man berücksichtige nur, dass der Hoden an der Oberfläche des Körpers, der Eierstock in der Bauchhöhle liegt. Man vergleiche den Ausführungsgang des ersteren, das Vas deferens mit der Tube, dem Uterus und der Scheide, und stelle die Functionen der beiderlei Sexualorgane gegenüber, welche beim Weibe in der Menstruation und endlich in der Schwangerschaft, mit ihren mächtigen localen und allgemeinen Veränderungen, gipfeln. Endlich bedenke man die überwiegende Zahl und Bedeutung der weiblichen Sexualerkrankungen, gegen welche die des Mannes fast verschwinden. Wie könnte man die Exstirpation grösserer Hodengeschwülste specialisiren, während man aus der Herausnahme umfangreicherer Eierstocksgeschwülste ganz gut einen handwerksmässigen Betrieb machen kann, ähnlich den Steinschneidern des Mittelalters, welche sich auf eine ihnen überkommene Operation eingeübt hatten und sonst nichts von Medicin verstanden.

Selbstständige Affectionen des Lendenmarks und Beeinflussung desselben von anderer Seite, als von dem Sexualsystem.

Natürlich sind es die Sexualleiden nicht allein, welche das Lendenmark beeinflussen. Dasselbe kann selbstständig erkranken. Eine Schwäche, welche sich durch eine gewisse Insufficienz des Sphincter vesicae, selbst des Sphincter ani, Neigung zu kalten Füssen und Unfähigkeit zu längerem Gehen und Stehen kundgiebt, ist manchen Frauen angeboren. Von den verschiedensten Seiten aus kann dieser Markabschnitt beeinflusst, in normale oder abnorme Function gebracht werden. Von den oberen Partieen der Centren und mittelbar von dem mit diesen in Verbindung stehenden Theil des peripheren Nervensystems, unmittelbar von den peripherischen Nerven der unteren Extremitäten, der Blase, des Mastdarms, von den weichen und knöchernen Hüllen vermögen solche Einwirkungen auszugehen. Auch Circulationsstörungen, Anämie und Hyperämie, veränderte Beschaffenheit des Bluts machen sich in hohem Grade geltend.

So vermögen die Lendenmarkssymptome aus sehr verschiedenen anderen Quellen zu entspringen, was die klinische Beobachtung hinlänglich darthut. Bei Personen, welche starke Blutverluste erlitten haben, stellt sich das Gefühl der Zerschlagenheit im unteren Theil des Rückens, aber auch eigentlich schmerzhafte Empfindungen im Kreuz und in den Reg. iliacae sehr gewöhnlich ein. Zerrungsneurosen finden wir bei sehr erschlafften Bauchdecken, beweglicher Niere gerade so gut, wie beim prolabirten oder retrovertirten Uterus. Heftige Neuralgieen in der Lendengegend können in Folge einer sehr forcirten Beugung der Wirbelsäule entstehen; Kreuzweh, mit Schmerzen in den Reg. iliacae und weiter sich verbreitenden Sensibilitätsstörungen sind nicht selten durch langdauernde Ueberanstrengung des Rückenstreckers bei Lähmung der Bauchmuskeln oder bei einem Abdominaltumor, bei dem der Schwerpunkt des Rumpfes weit nach vorn verlegt ist, bedingt.

Sehr wichtig ist die Thatsache, dass solche nicht von dem Geschlechtsapparat ausgehende Einwirkungen, welche das Lendenmark treffen oder durch dasselbe hindurchlaufen, die Function und bei längerer Dauer wohl auch die Structur der Sexualorgane zu verändern vermögen. *Rückwirkung der durch anderweitige Ursachen bedingten Störungen im Lendenmark auf die Sexualorgane.*

Die physiologischen Versuche geben uns einige Wege an, auf welchen derartige Effecte zu Stande kommen können, indem sie das Lendenmark als Gefässcentrum des Unterleibs erwiesen und ausserdem dargethan haben, dass, wie bereits erwähnt wurde, verschiedene Arzneimittel, das asphyctische Blut, die Anämie durch jenen Markabschnitt ihren Einfluss auf die Contraction der Gebärmutter geltend machen.

Am meisten fällt die Einwirkung in das Auge, welche Gemüthsbewegungen, wie Angst, Schrecken, Aerger, bei welchen die Leitung ja auch durch das Lendenmark geht, auf den Menstrualfluss haben. Derselbe kann rasch dadurch sistirt oder auch zu frühe hervorgerufen werden. Warum das einemal eine Hemmung, das anderemal eine Bahnung eintritt, wissen wir freilich hier so wenig wie auch sonst. Ebenso bekannt ist das plötzliche Aufhören der Periode beim Eintauchen der Füsse in kaltes Wasser. Eine genauere klinische Beobachtung zeigt unschwer, dass insbesondere Störungen der Menstruation, Amenorrhoe, anteponirender Monatsfluss und Dysmenorrhoe, primären nervösen Einflüssen ihre Entstehung verdanken.

Die Bedeutung der Lendenmarkssymptome für den Nachweis des ursächlichen Verhältnisses zwischen Sexualleiden und Neurose.
Das über die Lendenmarkssymptome Gesagte lässt sich kurz zusammenfassen. Dieselben können ohne ein gleichzeitiges Sexualleiden bestehen. Wir haben auf dies Verhältniss unsere besondere Aufmerksamkeit gerichtet und eine zeitlang fast sämmtliche Frauen, welche mit bezüglichen Klagen in die Klinik gekommen waren, einem eingehenden Examen und ausserdem der Untersuchung in Narcose unterzogen. Die Notizen, welche mein Assistent Dr. Engelhardt zusammengestellt hat, ergaben, dass etwa der fünfzehnte Theil keinen pathologischen Befund an den Genitalien aufzuweisen hatte. Man kann zugeben, dass wenig umfängliche anatomische Veränderungen, welche aber doch recht wohl nervöse Erscheinungen zu erzeugen vermögen, auch der genauesten Untersuchung zuweilen entgehen. Allein die Zahl ist doch zu gross, um solche Erklärung für alle Fälle zu gestatten.

Durchaus nicht selten sind ferner erhebliche Sexualaffectionen ohne alle Erscheinungen der Art vorhanden. Sind Erkrankungen des Generationsapparats und die besagten nervösen Erscheinungen, wie gewöhnlich, gleichzeitig da, so ist der Zusammenhang gewöhnlich so, dass das Sexualleiden das Primäre, die Ursache, die Neurose das Secundäre, die Folge darstellt. Doch sind auch häufig Beide Coëffecte irgend eines Agens, welches gleichzeitig direct auf das Nervensystem und den Genitalapparat einwirkt, oder die Wirkung auf diesen geht durch das Nervensystem und speciell das Lendenmark erst durch.

Immerhin hat hiernach die Gegenwart der Lendenmarkssymptome als Zeichen für den Ursprung des nervösen Leidens einigen Werth.

Die in den Genitalnerven auftretende Aura.
Bei Neurosen in entfernter liegenden Körpertheilen oder allgemeineren nervösen Zufällen bemerkt man nicht selten

einen heftigen Schmerz oder eine in Zweigen des Plex. lumbalis und sacralis aufsteigende Aura, welche den Anfällen vorhergeht. Auch einfache schmerzhafte Empfindungen, welche sich vom Becken nach dem Hypochondrium, den Brüsten, den Schultern erheben, ohne dass sonst ein Anfall ausbricht, werden häufig bemerkt.

Mehr Bedeutung hat die allmählig von den Geschlechtsorganen nach oben, im längeren Verlauf des Leidens, Etappe nach Etappe, sich erhebende nervöse Affection[1]). Ich habe solche Ausbreitung mehrfach bei schrumpfender Parametritis gesehen. So bei einer Kranken, erst Lendenmarkssymptome allein: Hyperaesthesia vulvae, Schmerz in der linken Reg. iliaca, Reissen und Ziehen im linken Oberschenkel, Urindrang, Tenesmus des Sphincter ani; dann linksseitige Intercostalneuralgie, Mastodynie, Contracturen in den Beugern des linken Arms. Erst spät kamen Uebergänge auf die rechte Seite und allgemeine Krampfanfälle.

Die von den Genitalnerven aus allmählig sich weiter und weiter fortsetzende Ausbreitung der Neurose.

Die Erscheinungen waren hier lange Zeit auf die linke Körperseite beschränkt geblieben. Die linksseitigen Gebärmutteranhänge waren früher und intensiver ergriffen als die rechts. So was kommt zuweilen noch ausgesprochener vor.

Die Beschränkung der nervösen Symptome auf die Körperseite, in welcher die pathologische Veränderung sich findet.

Das Erscheinen der Neurose lediglich auf der Körperhälfte, in welcher auch ausschliesslich die pathologische Veränderung sich ausgebildet hat, ist daher von grossem Werth.

Einen guten Anhalt über den Ausgang einer in entfernteren Körpertheilen auftretenden Neurose gewährt zuweilen der Umstand, dass diese Erscheinung mit anderen wechselt, welche bestimmt auf die Generationsorgane zu beziehen sind.

Wechsel entfernter Erscheinungen mit Genitalsymptomen.

Der Sexualapparat steht mit bestimmten Nervenbezirken in einem innigeren Zusammenhang als mit

---

[1]) Nonat. Maladies de l'Utérus pag. 1003 citirt F. Hoffmann, „qui place l'origine de tous les symptomes hystériques dans une contraction spasmodique de l'utérus, qui se propage aux nerfs du bassin et des lombes, gagne la moëlle epinière et de la s'étend successivement à toutes les parties supérieures du corps.

andern. Von ihm ausgehende Reize physiologischer Natur gehen leichter in die betreffenden Bahnen über. Am besten wird dies durch die Vorliebe erläutert, mit welcher consensuelle Vorgänge, auch solche vasomotorischer und trophischer Natur, in jenen Nervenbezirken und den bezüglichen Organen während der Pubertätsentwicklung, nach der Defloration, in der Schwangerschaft, auch wohl während der Menstruation erscheinen. Der Consensus des Sexualsystems mit Magen und Schlund, Brüsten, Kehlkopf und Schilddrüse [1]) ist schon von den alten Aerzten hervorgehoben worden. Der Trigeminus ist häufig betheiligt. Pathologische Reize schlagen nicht selten ebenfalls dieselben Bahnen ein. Freilich kann dieses Zusammentreffen für den einzelnen Fall nicht viel beweisen.

Ebenso wenig beweist die häufige Coincidenz gewisser Neurosen mit bestimmten Genitalaffectionen. So bemerkt man bei entzündlichen Zuständen des Ovariums und Umgebung oft den Iliacalschmerz, welcher nach dem gleichseitigen Hypochondrium, der Brust und der Schulter ausstrahlt. Bei Rückwärtslagerungen des Uterus sind Abwärtsdrängen und Magenbeschwerden sehr gewöhnlich.

Sehr grossen Werth hat man auf das zeitliche Verhältniss zwischen erstem Erscheinen und weiterm Auftreten der Neurose einerseits, und gewissen Phasen des geschlechtlichen Lebens andererseits, gelegt. Das nervöse Leiden beginnt mit der Pubertätsentwicklung oder während des Klimax. Es erscheint nur während der Menstruation oder in der Mitte des Intervalls oder während der Schwangerschaft. Das Zusammentreffen mit der Menstruation hat sicher grosse Bedeutung, und doch ist diese überschätzt worden. Man hat in demselben einen Beweis für den Ursprung der Neurose selbst dann finden wollen, wenn jede anatomische Veränderung der Geschlechtsorgane fehlte und nur eine functionelle Störung vorhanden war. Ja selbst diese hielt man für unnöthig, und

---

[1]) H. W. Freund, Die Beziehungen der Schilddrüse zu den weibl. Geschlechtsorganen. Leipzig 1882.

man nahm den Zusammenhang als bewiesen an, sobald nur die Neurose mit einer völlig normalen Menstruation coincidirte. Man hat selbst auf jenes Zusammentreffen hin die Castration vollzogen. Man berücksichtigte nicht, dass die Function des Genitalapparats vielleicht nur die Gelegenheitsursache abgab, welche sehr leicht durch irgend etwas anderes zu ersetzen war. Man darf sich aber nicht damit begnügen, gefunden zu haben, dass das Sexualsystem überhaupt einen ätiologischen Factor abgiebt, sondern muss auch den Antheil bestimmen, welchen dieser bei der Genese des Nervenleidens hat. Dies kann einestheils dadurch geschehen, dass man die anderen Ursachen feststellt, anderntheils dadurch, dass man das in der anatomischen oder functionellen Veränderung des Genitaltractus liegende einzelne nähere Moment aufsucht, welches die nervöse Erscheinung hervorruft. Wir wissen z. B., dass die Menstruation ein sehr complicirtes Ding ist oder vielmehr, dass das, was wir bisher Menstruation genannt haben, vielleicht nur die Theilerscheinung eines viel umfassenderen Vorgangs ist. Während desselben beobachten wir Reifung und Platzen des Follikels, Schwellung und Abschwellung der Uterinmucosa, stärkere und schwächere Füllung der Beckengefässe, eigenthümliche in Wellenbewegungen verlaufende Schwankungen des Blutdrucks und der Temperatur. Jedes dieser Momente kann unter Umständen bei Entstehung einer Neurose mitwirken, und dass bald dieses, bald jenes zur Geltung kommt, geht schon daraus hervor, dass Neurosen bald vor, bald während, bald kurz nach der Blutung auftreten. Es ist klar, dass manche jener Factoren lediglich nur als occasionelle, leicht durch Anderes ersetzbare, Ursachen einwirken können, wie z. B. der vor Eintritt des Menstrualflusses erhöhte oder der mit Beginn herabsinkende Blutdruck. Zuweilen wird die Sache noch verwickelter. Es schiebt sich in die Causalkette ein weiteres Glied ein, was am besten durch eine äusserst interessante Beobachtung Kirn's[1] veranschaulicht wird. Hier war

---

[1] Die periodischen Psychosen. Stuttgart 1878, pag. 106.

es eine während der Menstruation zunehmende Schwellung der Schilddrüse, während welcher bedeutende passive Gehirncongestionen und dadurch die Erscheinungen einer Psychose hervorgerufen wurden. Ein anderes Mal trat an deren Stelle sehr heftiges und fast unstillbares Nasenbluten auf. In ähnlicher Weise, wie die Schilddrüse, scheint die Nasenschleimhaut und das cavernöse Gewebe der untern Muschel, durch seine Schwellung zur Zeit der Menses, als Glied in die Kette sich einfügen zu können [1].

Wie vorsichtig man mit dem Schluss aus dem Zusammentreffen der Anfälle mit der Menstruation sein muss, zeigen besonders die sogenannten periodischen Psychosen. Schon continuirliche Psychosen, bei welchen an keinen sexuellen Ursprung gedacht werden kann, werden in sehr entschiedener Weise durch die Menses beeinflusst. Bei den periodischen Erkrankungen ist gewöhnlich eine neuropathische Constitution, in Folge erblicher Belastung, vorhanden. Der von den Geschlechtsorganen ausgehende Nervenreiz oder vielleicht auch die Veränderung des Blutdrucks liefert die Gelegenheitsursache, wobei es einerlei ist, ob jene normal oder abnorm fungiren, anatomisch verändert sind oder nicht. Das Individuum zeigt dann auch im Intervall die Symptome des nervösen Leidens [2]. Ohne Zweifel ist ein guter Theil der Beobachtungen so zu deuten; ob alle, scheint fraglich, da eine nicht ganz kleine Zahl der Kranken ohne erbliche Belastung war und die Untersuchungen von keinen Fachmännern herrühren, so dass sie bei der Schwierigkeit, die gerade hier besonders wichtigen Verhältnisse der Uterinanhänge festzustellen, kein volles Vertrauen in Anspruch nehmen können.

In jedem Fall bleibt die zeitliche Congruenz der Neurose

---

[1] Hack, Ueber operative Radicalbehandlung bestimmter Formen von Migräne, Asthma, Heufieber. Wiesbaden 1884, pag. 53, 77.

[2] Kraft-Ebing, Lehrb. d. Psych. II, pag. 121 ff. Verf. führt an, dass das Ausbleiben der Anfälle zuweilen beobachtet werde, indem Amenorrhoe, wohl zugleich mit sistirender Ovulation, eintrete und damit die Gelegenheitsursache für die Wiederkehr der Anfälle wegfalle.

mit der Menstruation ein wichtiges Zeichen, um so mehr, je freier das Intervall ist. Allein für sich kann es den Zusammenhang nicht darthun.

Dieser kann unter Umständen besser durch **Verschwinden der nervösen Erscheinung während einer besondern Phase der sexuellen Thätigkeit** bewiesen werden. Der Grund der Besserung liegt dann gewöhnlich sehr klar, wie bei dem Erheben eines retrovertirten, schwanger gewordenen Uterus aus dem Becken. *Verschwinden der Neurose während einer bestimmten Phase des Geschlechtslebens.*

Zuweilen lässt sich nachweisen, dass die Neurose gleichzeitig mit dem **Beginn der anatomischen Veränderung** entstanden ist oder dass beide sich herleiten von einer groben Schädlichkeit, welche auf den Geschlechtsapparat eingewirkt hat. Auch fällt zuweilen jede Verschlimmerung der nervösen Erscheinungen mit einer Exacerbation des Sexualleidens zusammen. *Beginn der Neurose mit dem Beginn der anatomischen Veränderung der Sexualorgane.*

Der Umfang und die Intensität des pathologischen Befunds braucht übrigens in keiner Weise mit der **Intensität der Neurose in einem Verhältniss zu stehen**. Es ist eine naive Anschauung von Spencer Wells, wenn er annimmt, dass Eierstocksaffectionen selten Ursache von Nervenleiden seien, und daher diese auch durch die Castration nicht geheilt werden könnten, weil er bei grossen Ovarialtumoren selten Neurosen gesehen habe und weil solche, wenn ausnahmsweise vorhanden, nicht durch die Operation geheilt worden seien. Nun, zwei gleichzeitig vorhandene Dinge stehen durchaus nicht immer in einem ursächlichen Zusammenhang, und wenn ein, zusammen mit einem Kystom vorkommendes, Nervenleiden durch die Ovariotomie nicht geheilt wird, so existirt eben kein solches. Dann ist es aber eine bekannte Thatsache, dass sehr umfängliche Erkrankungen, z. B. massige Carcinome nicht selten keine nervösen Symptome erzeugen, während diese durch eine kleine Narbe und scheinbar unbedeutende Lageveränderung hervorgebracht werden. Mit der Elle lässt sich gerade bei den Erscheinungen des Nervenlebens nicht messen. Bei *Verhältniss der Neurose zum Umfang und zur Intensität des pathologischen Befunds.*

den grossen Tumoren der Eierstöcke liegen übrigens in dem Umfang leicht erkennbare Momente, welche die Entstehung der Neurosen nicht begünstigen. Gewöhnlich befinden sich voluminöse Geschwülste ganz in der Bauchhöhle, so dass alle Einwirkung auf den, einem Druck sonst leicht zugänglichen, Plexus sacralis fehlt. Der Stiel ist formirt und weiterer Zug fällt daher weg. Auch ist die Zerrung durch Bewegung nicht da, weil die Lage der Geschwulst bei einer gewissen Grösse nicht mehr viel wechseln kann. Bei kleinen Tumoren ist die Sache ganz anders. In der Bauchhöhle gelagert, bedingen sie in Folge ihrer Mobilität durch Zerrung des Stiels häufig nervöse Erscheinungen, ähnlich wie die bewegliche Niere; im Becken rufen sie leicht eine Druckneurose hervor. Die Tendenz zur Neurose steht häufig in umgekehrtem Verhältniss zum Umfang der Erkrankung. Dasselbe umgekehrte Verhältniss ist in Bezug auf Intensität des Prozesses möglich. Ist durch einen pathologischen Vorgang alles ovulirende Gewebe vernichtet, so werden manche Folgen zurücktreten.

<small>Künstliche Erzeugung u. Hemmung der nervösen Anfälle.</small> Die Auslösung, und umgekehrt die Hemmung, des nervösen Anfalls durch absichtlich auf die Sexualorgane in Wirkung gesetzte, gewöhnlich mechanische Agentien ist als sehr sicherer Beweis für den Ursprung eines jener Theile angesehen worden. Ich erinnere an die Erzeugung epileptiformer Anfälle durch mässigen Druck auf die Ovarien und die Unterdrückung vorhandener Krämpfe durch starke Compression dieser Organe. — Die hier in Betracht kommenden Verhältnisse sind von so fundamentaler Bedeutung für unser Thema, dass sie eine ausführlichere Besprechung erfordern. Ich knüpfe an eine recht interessante Beobachtung an. Eine in keiner Weise neuropathisch angelegte junge Frau hatte auf der rechten Seite ein etwa faustgrosses Eierstockskystom mit sehr langem Stiel und ausserordentlich grosser Beweglichkeit. Zuweilen gerieth es in das Becken und machte dann sehr heftige Einklemmungserscheinungen. Ausserdem litt die Kranke täglich, wohl in Folge einer Zerrung des Stiels, an einer

äusserst heftigen Neuralgie, welche vom Kreuz und der rechten Reg. iliaca nach dem Oberschenkel und der Schulter hin ausstrahlte. Desswegen hauptsächlich unterwarf sie sich der Operation. Die ersten neun Tage nach derselben befand sie sich ganz wohl, war fieberlos und ohne Schmerz. Am zehnten Tag klagte sie mir unter Thränen, dass die alten Beschwerden in derselben Weise wiedergekehrt seien, dass sie sich umsonst habe operiren lassen u. s. w. Die neuralgischen Anfälle erschienen in den folgenden Tagen gerade so wie früher. Als sich nun etwas Fieber eingestellt hatte, sah ich die Schnittwunde nach und bemerkte einen wallnussgrossen Abscess, welcher von einem Stichkanal ausgegangen war. Als derselbe später geöffnet wurde, verschwanden auch die Schmerzen und kehrten nicht wieder.

Diese Beobachtung erläutert sehr gut das allgemeine Gesetz, nach welchem ein Erscheinungscomplex, sich abspielend in Nerven, welche dem, die primär erregende Ursache enthaltenden Körpertheil angehören oder wenigstens mit diesem einen innigeren Zusammenhang haben, sehr leicht, besonders nach längerer Dauer seines Bestehens, nun durch Reize hervorgerufen wird, welche von ganz anderen Körperstellen ausgehen. Die primäre Ursache einer Neurose kann also entfernt werden und andere Momente regen sie stets wieder von Neuem an. Hierauf beruht wohl auch vielfach das sogenannte Stabilwerden einer Neurose. Man muss sich wohl vorstellen, dass in den Nerven, welche die Erscheinung vermitteln, gewisse Veränderungen sich ausbilden. Diese bedingen, dass neue Reize von Seiten auf sie einwirken, von welchen früher keine auf sie übergingen. Bildlich kann man sich die Sache mit dem „ausgefahrenen Geleise" versinnlichen, in welches alle Fuhrwerke einlenken. Mag man sich die Sache so oder so vorstellen, an der Thatsache ist nicht zu zweifeln. Jeder, welcher heftige Zahnschmerzen gehabt hat, weiss, dass zuletzt jede Erregung, jede Bewegung u. s. w. das Leiden verschlim-

Gesetz der stellvertretenden Reize. Das ausgefahrene Geleise.

mert. Beim Massiren sieht man, besonders im Anfang einer Kur, dass Schmerzempfindungen in Körpertheilen frisch angeregt werden, welche nicht direct von der Manipulation getroffen sind. So klagte mir eine Kranke, dass ihr heftiger Schmerz im Hypogastrium beim Massiren der unteren Extremitäten hervorgerufen werde. Natürlich sind es nicht blos Schmerzen, welche in dieser Weise erzeugt werden, sondern auch Empfindungen anderer Art oder motorische Symptome. Bei Personen, welche geschlechtlich sehr erregt sind, bemerkt man wollüstige Gefühle durch Reize, deren Qualität und Applicationsstelle so etwas nicht hätte erwarten lassen. Man muss daher in dieser Beziehung, besonders auch wieder beim Massiren, selbst da, wo es durch weibliche Individuen geschieht, sehr vorsichtig sein.

Selbst im psychischen Leben kann man ähnliche Wahrnehmungen machen. Hat sich einmal ein gewisser Ideenkreis festgesetzt, ist er stabil geworden, so wirkt fast Alles fördernd darauf ein oder wird wenigstens darauf bezogen. Selbst Gedanken, von welchen man eine Ablenkung, ein Herausreissen erwarten sollte, bringen die alte Tretmühle frisch in Gang. Desswegen ist man auch im Alter nicht mehr im Stande, frische Anschauungen zu gewinnen und wird, wie dies von anderer Seite gesagt worden ist, ein Obstructionist in der Wissenschaft. Dies ist physiologisch durch das Alter bedingt, findet sich jedoch auch als pathologischer Vorgang schon in früheren Jahren.

Die Hemmung durch stellvertretende Reize.

Dem Hervorrufen der Neurose durch eine mechanische Einwirkung auf die Geschlechtsorgane, der Bahnung, steht die Unterdrückung des Anfalls, die Hemmung, gegenüber. Dass eine solche Hemmung auch noch von ganz anderen Punkten, als von der Ursprungsstätte ausgehen kann, ist hinlänglich bewiesen. Man macht in der Praxis vielfachen Gebrauch gerade von solchen Hemmungen und der Effect der sogenannten Derivantien ist sicher oft darauf gegründet. Das Brennen des Ohrläppchens bei Ischias erklärt sich so, und eine Bearbeitung der unteren Nasenmuschel durch die Glühhitze bei Migräne oder anderen Neurosen mag wohl häufig dadurch einen Erfolg haben. — Leider sind die bahnenden Momente bei Krankheitszuständen häufiger, als die hemmenden, was schon daraus hervorgeht, dass Jeder, welcher heftige neuralgische Beschwerden hat, schliesslich die grösste Ruhe und Abgeschlossenheit erstrebt. Zu bedauern ist unsere Unkenntniss über die Bedingungen, unter welchen die Reize Bahnung oder Hemmung bedingen.

Die künstliche Erzeugung oder Unterdrückung der Neurose durch mechanische Einwirkung auf einen Punkt des Genitalapparats hat daher nur einen bedingten Werth für den Nachweis des Ursprungs. So gut als ein anderer Reiz eine Neurose auslösen kann, welche ursprünglich durch einen Reiz in den Sexualorganen erzeugt worden ist, ebenso gut kann ein Reiz, welcher von diesen ausgeht, einen nervösen Anfall hervorrufen, welcher primär von einem Reiz in irgend einem anderen Körpertheil angeregt worden ist. Dasselbe gilt von der Unterdrückung. Immerhin hat die Sache, in Verbindung mit anderen Indicien, ihren Werth. Dieser steigt sehr bedeutend, wenn festgestellt werden kann, dass ein Anfall, beziehungsweise seine Unterdrückung von keinem anderen Ort aus hervorgerufen werden kann als von Seiten der Genitalien.

Die Erzeugung der Schmerzanfälle bei Neuralgia ovarica durch Berührung des Eierstocks muss in derselben Weise beurtheilt werden. Hier können Veränderungen in den Centren oder wenigstens in leitenden Bahnen ausserhalb des Eierstocks existiren. Ein Reiz durch mechanische Einwirkung auf den letzteren wird natürlich auf die afficirten Bahnen einlenken müssen, da diese ja ohnehin mit dem Ovarium in Beziehung stehen. Hier muss man also vor Täuschung sehr auf der Hut sein.

Die centrale Neuralgia ovarica durch Druck auf den Eierstock ausgelöst.

Zuweilen lässt sich die Abhängigkeit der Neurose von dem Sexualleiden nach Art eines Experiments beweisen. Bei Dislocationen des Uterus und Formveränderungen gelingt es, durch Reposition in normale Lage oder durch Geradstreckung,

Experimentalbeweis für den Causalnexus zwischen Neurose und Sexualleiden.

die nervöse Erscheinung sofort zu beseitigen und auch ihre Wiederkehr zu verhüten. Lässt man die Anomalie wieder zu Stande kommen, so erscheint die Neurose wieder. Hier kann kein Zweifel mehr bestehen, besonders wenn man beliebig oft die Affection eintreten und verschwinden zu lassen vermag. So sieht man hartnäckiges Erbrechen, Halblähmung der unteren Extremitäten zuweilen sogleich vergehen, sobald der retrovertirte Uterus in seine normale Lage gebracht und durch ein Pessar darin gehalten ist. Die Erscheinungen kehren mit einer eintretenden Dislocation sofort wieder zurück. Ich beobachtete einen äusserst merkwürdigen Fall von unerträglichem, Tag und Nacht fortdauerndem Krampfhusten, welcher Jahre hindurch bestand und die Kräfte der sonst in keiner Weise neuropathischen Dame aufzureiben drohte. Als Ursache war eine spitzwinklige, mit Structurveränderungen der Wand verbundene Anteflexion anzusehen. Der Husten verschwand, sowie durch einen eingelegten Intrauterinstift das Organ seine richtige Form erhielt. Leider konnte ihn die Kranke auf die Dauer nicht ertragen. Das Experiment mit dem Stift war recht häufig gemacht worden. Auch hatte Hildebrandt einmal längere Zeit denselben mit vollkommenem Erfolg tragen lassen. Nach vergeblicher Anwendung aller möglichen Mittel nahm ich die Amputatio uteri supravaginalis vor, wobei auch die Ovarien entfernt wurden. Noch jetzt, nach 8 Jahren, ist die Kranke vollständig geheilt geblieben [1]).

Genese der Neurose. Erster Angriff auf die Nerven.

Sehr werthvoll für den Nachweis des Causalnexus ist es, wenn man die Genese der Neurose festzustellen vermag. Die Art und Weise, in welcher der erste Angriff auf die Nerven erfolgt, und die Stelle, wo dies geschieht, müssen herausgefunden werden. Das ist das Wichtigste. Bei der eigenthümlichen Beschaffenheit des sexuellen Nervenapparats und des weiblichen Nervensystems überhaupt spielt sich von

---

[1]) Der Fall ist von mir in der Wiener med. Presse 1877, Nr. 14, 15, 16, 17 veröffentlicht. Auch Engelmann, The Hystero-Neuros. Americ. Gynec. Transact. 1878, führt ähnliche Beobachtungen an.

einem solchen Angriffspunkt die Sache von selbst weiter und nicht blos directe Effecte des ursprünglichen Reizes, sondern auch weitere consensuelle und reflectorische Wirkungen stellen sich meist bald ein.

Im Allgemeinen lässt sich, wie es scheint, die erste Genese bei den Geschlechtsorganen auf ziemlich einfache Verhältnisse zurückführen. Der primäre Angriff auf die Nerven geschieht entweder durch Druck oder Zerrung, welche sich freilich vielfach combiniren und nicht immer vollständig auseinander gehalten werden können. Auch kommt ferner noch in Betracht eine theilweise oder vollständige Freilegung der Nervenendigungen bei Katarrhen, Erosionen, Ulcerationen und Wunden.

Der Druck wird in doppelter Weise übermittelt. Ein geschwelltes oder dislocirtes Organ oder ein Exsudat oder ein eigentlicher Tumor comprimirt die benachbarten Nerven und den ganzen Plexus. Solche Druckneurosen sind überaus häufig und Beispiele zu geben, ist daher überflüssig. Ebenso oft findet die Compression im Innern des Gewebes statt, wie bei entzündlichen Knoten, Bindegewebshyperplasieen und besonders ausgeprägt bei Schrumpfungsvorgängen. Diese, welche besonders das Bindegewebe der Ligamente und der Organe selbst ergreifen, sind eine überaus wichtige Quelle nervöser Erscheinungen, worin ich Freund vollständig zustimmen muss. Befördert wird der Effect sehr wesentlich durch die Ausbreitung des Prozesses, welcher nicht ganz selten idiopathisch und unabhängig von eigentlicher Entzündung zu sein scheint, auf das Stroma des Eierstocks und das intramuskuläre Bindegewebe der Uteruswand, in welchen er übrigens auch für sich auftreten kann. Das sich retrahirende Stroma des Ovariums verhindert die Ausdehnung der Follikel, giebt zu abnormen Rückbildungen derselben und zu ungewöhnlichen Spannungszuständen Anlass, wodurch die Wirkung der directen Compression der Nervenenden im Bindegewebe noch verstärkt wird. *Druckneurosen.*

Der Typus der Zerrungsneurosen stellt sich uns am deutlichsten bei Senkungen. Prolaps und Rückwärtslagerungen *Zerrungsneurosen.*

der Gebärmutter dar. Man kann hier sehr schön die Uebergänge von dem einfachen Dehnungsschmerz bis zu einem ausgedehnten Complex der Lendenmarkssymptome und endlich bis zu Erscheinungen in entfernter liegenden Bezirken wahrnehmen. Auch allgemeine Neurosen und selbst Psychosen sind beschrieben [1]).

Weniger bekannt sind die, durch Zug an dem Stiel kleinerer Tumoren entstehenden, nervösen Affectionen, insbesondere heftige Neuralgieen. Ich habe sie nicht selten dann beobachtet, wenn eine eigrosse bis kindskopfgrosse Eierstocksgeschwulst sich mit gespanntem Stiel über den Rand des Lig. latum nach vorn gewälzt hatte, wo sie dann unmittelbar hinter den Bauchdecken lag [2]). Die Beweglichkeit der Tumoren kann sehr wesentlich zur Verschlimmerung der Beschwerden führen. Je freieren Spielraum die Geschwulst in einem ausgedehnten, von nachgiebigen Wänden umgebenen Abdominalraum hat, desto häufiger wird der Wechsel zwischen Erschlaffung und Dehnung des Stiels sein. Freilich ist bei dieser Insufficienz der Bauchdecken nicht immer genau zu entscheiden, was eigentlich die Schuld trägt, da die Aufhängebänder der andern Eingeweide, wie die der Niere, des Mesenteriums und der Uterusligamente auch einer Dehnung unterliegen.

Combination des Drucks und der Zerrung. Sehr gewöhnlich sind Combinationen zwischen Druck und Zerrung. Bei entzündlichen Prozessen in den Bauchfellbefestigungen des Uterus macht sich der Zerrschmerz nebst reflectorischen Symptomen, bei aufrechter Stellung, Gehen, Action der Bauchpresse häufig genug geltend. Der Nutzen eines Stützpessariums unter solchen Umständen ist daher vielfach

---

[1]) Engelmann, The Hystero-Neuroses. Americ. Gynecol. Transact. 1878 pag. 11, und F. Barker, „Uterine disease as an exciting cause of Insanity." Journal of the Gynecological soc. of Boston. May 1872, pag. 347.

[2]) G. Engelmann schreibt auch den einfach in die Fossa vesicouterina dislocirten, nicht oder wenig vergrösserten Ovarien eine nervöse Symptome bedingende Eigenschaft zu. Americ. Gynec. Society 1880, Anterior displacement of Ovaries.

gerühmt. Bei den Narben am Collum und im Scheidengewölbe ist theilweise die Compression und theilweise die Zerrung bei Bewegungen der Beckenorgane in Wirksamkeit. Bei starken Flexionen kommt zu der Gewebsveränderung noch die Dehnung der Wand, welche der Knickungsstelle gegenüberliegt. Bei der Endometritis spielt die Spannung durch angesammeltes Secret eine Hauptrolle. Dadurch werden Contractionen angeregt, welche bei der Schwellung der Mucosa cervicis, besonders bei gleichzeitigen Flexionen, häufig ihren Zweck verfehlen. Diese Contractionen bedingen Compression der häufig in krankhaft verändertes Gewebe eingelagerten Nerven. Auserdem entstehen bei der oft complicirenden Perimetritis Zerrungen der Adhäsionen.

Wenn der Uterus oder die Blase in geschrumpfte Exsudate eingebettet sind, so wird die Ausdehnung dieser Theile gehindert. Mässige Secretansammlungen erzeugen schmerzhafte Contractionen und damit Zug an den starren umgebenden Partieen. Die natürlichen Bewegungen der Organe sind gehemmt und selbst der Beginn derselben bringt Zerrungen hervor [1]).

Hinlänglich bekannt ist die grosse Schmerzhaftigkeit der Uteruscontractionen bei gewissen Structurveränderungen der Wand, wie nicht selten bei Bindegewebshypertrophie. J. Simpson sah typisch auftretende Uterinkoliken und Neuralgieen der Sacrolumbalnerven als pathognomonisches Symptom des Fundalcarcinoms an. Neuerdings haben Prochownik[2]) und Martin[3]) auf solche heftige, regelmässig wiederkommende Schmerzanfälle bei Pyosalpinx hingewiesen. Martin leitet sie von Contractionen der Tube selbst her. Dies mag wohl vielfach so sein. Doch sind gewiss auch

---

[1]) Klotz, Gynäkol. Mittheilungen. Wiener med. Wochenschr. 1882. Nr. 38 ff. Sehr gute Schilderung der nächsten und weiteren Folgen der Schrumpfungsprozesse.
[2]) Ueber einige interessantere Laparotomieen. Deutsche med. Wochenschrift 1883, Nr. 36.
[3]) Kopenhagener Congress.

Zusammenziehungen des Uterus Schuld. In anderen Fällen scheinen mir flächenhafte Verwachsungen oder strangförmige, membranöse Verbindungen der Gedärme mit der kranken Tube, oder mit dem Uterus und dessen Ligamenten, oder auch mit andern Theilen, und untereinander die Ursache darzustellen. Die peristaltischen Bewegungen bedingen die Zerrung, und so erklärt sich dann auch ein oft sehr regelmässiger Eintritt der Schmerzen, welcher mit den Mahlzeiten in Verbindung steht. Diese sehr schmerzhaften Vorgänge tragen sicher auch viel zu den gerade bei der Salpingitis oft so ausgebreiteten und intensiven nervösen Symptomen bei.

Eine übrigens nicht gerade häufige Quelle nervöser Erscheinungen bilden die mit Schrumpfungsprozessen einhergehenden Katarrhe der Scheide, wie man sie nach dem Klimax, zuweilen auch bei jüngern Frauen, sieht. Insbesondere ist der Coitus bei den oft beträchtlichen Verengerungen und selbst Stricturen, nachtheilig. In anderen Fällen ist die Schrumpfung und insbesondere die Verödung der Gefässe nicht gleichmässig. Dann entstehen collaterale Stauungen und man sieht inselförmige geröthete Stellen mit sehr stark injicirten, vorspringenden Papillen. Dies kann zu erheblichen Irritationen Anlass geben.

Nervöse Irritation durch partielles oder vollständiges Blosliegen der peripherischen Nervenenden.
Uebrigens führen auch sonst infectiöse und gewöhnliche Katarrhe des Sexualschlauchs und des Introitus mit Papillenschwellungen, Erosionen und Intertrigo durchaus nicht selten zu lästigen Beschwerden nervöser Art. Bei längerer Dauer bleiben dieselben nicht auf Ort und Stelle nebst Nachbarschaft beschränkt. Ungemein befördert werden solche weiteren Folgen, wenn durch das Jucken und Kitzeln geschlechtliche Reizungen angeregt werden.

Auch erhebliches Klaffen des Introitus wirkt nachtheilig, indem dadurch höhere Partieen der Scheide den von aussen zugeführten Noxen geöffnet sind. Selbst ohne primäre Katarrhe kann eine bedeutende Insufficienz des Schlussapparats der Vagina dadurch nachtheilig sein.

Sind auf die genannten Weisen die peripherischen Nerven an irgend einer Stelle einmal in Angriff genommen, so finden sich gewöhnlich zuerst Uebergänge des Reizes auf die übrigen Nerven des Sexualsystems und die der benachbarten Theile und Organe. Dabei bleibt es aber bei dem eigenthümlichen Nervenapparat der Genitalien und des ganzen weiblichen Körpers selten und die Eindrücke werden bald auch nach entfernteren Gegenden übertragen. Unter solchen Umständen kann eine gewisse Isolirung auf einzelne ganz bestimmte Nerven oder Nervenbezirke jahrelang erhalten bleiben. Gewöhnlich wird jedoch, und oft sogar sehr rasch, das ganze Nervensystem in Mitleidenschaft gezogen, sei es mehr in der Form stärkerer Erregungszustände, oder in der der Asthenie. Gewisse Effecte der Neurosen, wie z. B. Schlaflosigkeit, Appetitmangel durch Schmerzen, oder complicirende Wirkungen der Sexualkrankheit, wie Blutverluste, copiöser weisser Fluss, können sehr wesentlich dazu beitragen.

Leider sind daher ganz isolirte Neurosen recht selten, bieten aber besonders wichtige Aufschlüsse. Die Genese, sowie die Anlässe zum Eintritt des Anfalls lassen sich dabei oft gut feststellen, wie wir dies oben bereits erläutert haben.

Bei irgend längerer Dauer des Leidens, aber oft auch recht früh, betheiligt sich die Psyche, wodurch die Aufmerksamkeit zu intensiv und stetig auf das sexuelle Leiden gerichtet wird.

Man hat, wie es denn heutzutage Mode ist, so viel wie möglich der Psyche aufzuladen, die mannigfachen nervösen Erscheinungen bei Sexualleiden vorzugsweise oder ausschliesslich ihrer Vermittlung zugeschrieben. Der von dem kranken Theil ausgehende, oft nicht bedeutende Reiz soll erst die Psyche treffen, worauf durch Projection die Symptome zu Stande kommen. Das Bewusstsein und die Aufmerksamkeit würden dann bei deren Erzeugung die Hauptrolle spielen. Dies ist zu viel gesagt. Man sieht durchaus nicht selten Kranke, welche von einem anderen Arzte dem Gynäkologen zugesendet wurden und die keine Ahnung davon hatten, dass ihre Cardialgie oder ihre Sacrolumbarneuralgie einem Sexualleiden den Ursprung verdankt. Doch ist das psychische Moment nicht gering anzuschlagen.

Circulus vitiosus. Mit seinem Eintritt und mit der Ausbildung des allgemeinen neuropathischen Zustandes schliesst sich der verhängnissvolle Circulus vitiosus. Von da an haben wir den rückwirkenden Einfluss der allgemeinen nervösen Affection auf die ursprünglichen Störungen. Insbesondere werden nun Erscheinungen, welche sonst nur unter dem Einfluss der örtlichen Irritation auftraten, direct von den Centren ausgehen, oder wenigstens durch deren Einfluss mächtig gesteigert. Unter solchen Umständen wird alsdann die Art des Causalnexus oft verdunkelt, so dass man nicht mehr weiss, was primär und was secundär ist, zumal, wenn man den Krankheitsverlauf nicht von Anfang an verfolgt hat.

Die mehr indirect, auf Erzeugung von Neurosen hinwirkenden Einflüsse der Sexualerkrankungen, wie Blustverluste u. s. w., berühren wir hier nicht näher. Ihr Antheil ist häufig ein sehr bedeutender, bedarf aber wohl kaum einer näheren Erörterung.

Aus Allem, was gesagt worden ist, geht hervor, dass wir selten einen directen Beweis, welcher nach Art des Experiments den Zusammenhang feststellt, zu liefern vermögen. Wir sind daher, wie nur zu häufig in der Medicin und im *Berechtigung des Indicienbeweises für den Causalnexus.* Leben, auf Indicien beschränkt, und müssen auf den Werth jedes einzelnen Zeichens, auf die Bedeutung ihrer Combination, und auf die Betrachtung des ganzen Krankheitsverlaufs unser Urtheil gründen. Desswegen sind wir gezwungen, in jedem einzelnen Fall etwaigen anderen Ursachen der vorhandenen Neurose *Die Exclusionsmethode.* nachzuforschen, also auch noch die Exclusionsmethode anzuwenden. Freilich sind die Verhältnisse oft complicirt und es kann sich vielfach nicht darum drehen, jeden Antheil anderer Momente vollständig zurückzuweisen, sondern nur festzusetzen, welchen Beitrag jeder einzelne ätiologische Factor bei der Genese des Uebels liefert. Auch wird ein secundärer Zustand zuweilen ein so wichtiges Glied in der Causalkette, dass er an Wichtigkeit die primäre Ursache übertrifft.

Unter jenen Ursachen wären zuerst Localerkrankungen und örtliche Anomalieen anderer Körpertheile und Organe zu erwähnen. Der Genitalapparat ist nicht allein befähigt, nervöse Störungen zu erzeugen. Auch anderswo auftretende pathologische Prozesse können, theils auf consensuellem, reflectorischem Wege, theils durch Beeinträchtigung der Ernährung und Blutbildung, wohl auch durch Antheilnahme der Psyche, Neurosen und allgemeine Neuropathie hervorbringen. Begreiflicherweise können wir hierauf nicht näher eingehen. Vorzugsweise müssen wir, um nicht in Irrthümer über die Genese einer Erscheinungsreihe zu verfallen, die Unterleibshöhle, mit ihrem Inhalt und ihrer Wandung, im Auge behalten. Von Krankheiten des Magens und auch des Dickdarms wissen wir, dass sie vielfach zu einzelnen Reflexsymptomen, oder zu allgemeiner Nervosität, Hypochondrie und selbst Psychosen führen. Wir haben schon erwähnt, dass abnorme Erschlaffung oder Lähmung der Abdominalwände, abnorme Beweglichkeit der Unterleibsorgane, Zerrung am Mesenterium, Lendenmarkssymptome erzeugen können. Auch die durch solche Insufficienz der Bauchmuskeln bedingte, ungewöhnliche Haltung der Wirbelsäule und stete Anspannung der Rückgratsstrecker wirkt in demselben Sinne.

<small>Localerkrankungen ausserhalb des Sexualsystems als Ursache von Neurosen.</small>

Die Erkrankung eines anderen Organs kann, was nicht zu übersehen ist, erst dadurch eine Neurose bedingen, dass sie ein Sexualleiden hervorruft. Ein Beispiel, in welchem ich selbst mich sehr täuschte, mag das erläutern. Eine ledige Person hatte Menorrhagieen, unregelmässige, stark anteponirende Periode, und neben anderen nervösen Symptomen heftige, mit den Menses eintretende, allgemeine Krampfanfälle mit Bewusstseinsverlust. Dabei bestand eine Insufficienz der Mitralis, Vergrösserung des Uterus, Adhärenz und Anschwellung des rechten folliculär-cystisch degenerirten Eierstocks. Bei der Castration, welche übrigens nicht blos der Neurose, sondern auch der Blutungen wegen gemacht wurde, zeigten sich die Venen beider Ligamente varicös dilatirt. Der Erfolg war merkwürdigerweise, wenn auch nicht vollständig gut, doch

<small>Sexualleiden als Mittelglied in der Causalkette.</small>

sehr befriedigend. Die Anfälle erschienen jetzt nur noch etwa ein- bis zweimal im Jahr. Ich würde übrigens doch die Operation jetzt nicht wieder machen, weil ich den pathologischen Befund der Sexualorgane, Vergrösserung des Uterus und die Affection des Ovariums, als secundär, durch den Herzfehler erzeugt, betrachte. Die Krankheit des Generationsapparats war ein Mittelglied, durch welches das Vitium cordis die Neurose hervorrief. Wenigstens erschien diese erst, als die Affection der Gebärmutter und des Eierstocks deutlicher hervorgetreten war und war auch eng an die Menstruation gebunden. Allein der einzige Weg, auf welchem die Krampfanfälle vermittelt wurden, war dies nicht, da sie später, wenn auch selten, noch beobachtet wurden. Ohne Zweifel sind Circulationsstörungen in den Centren bei der Entstehung betheiligt. Der relativ günstige Erfolg ist auf Entfernung des Reizes in den Sexualorganen zu setzen.

Aetiologie primärer allgemeiner Neuropathie.

Im Allgemeinen wichtiger als jene localen Erkrankungen sind für uns die Ausschliessung, beziehungsweise Berücksichtigung der Ursachen, welche, ohne mit der Erkrankung bestimmter Körpertheile etwas zu thun zu haben, Neurosen und besonders das hervorzubringen vermögen, was man so unter den Namen Neurasthenie, Spinalirritation, Hysterie unterzubringen pflegt. Wir werden freilich bei Betrachtung jener Ursachen sehen, wie gewöhnlich sexuelle Beziehungen auch hier mitspielen, und in mannigfacher Weise in die Combination eintreten.

Angeborene Anlage.

Die angeborene Anlage spielt anerkanntermassen eine grosse Rolle. Die Personen mit einer derartigen ursprünglichen Disposition lassen sich in zwei Gruppen trennen. Bei

Angeborene Anlage ohne Degenerationszeichen.

der einen ist an dem Körper nichts Auffallendes bemerkbar. Doch sieht man häufig mangelhafte Ernährung und dünne Formen. Schon im frühen Kindesalter bestehen nervöse und psychische Erregung, leichtes Erschrecken, Auffahren im Schlaf, Bettpissen, Schlafwandeln, kalte Füsse, Krampfzustände u. a. Sehr häufig ist Neigung zu Verdauungsstörungen, Erbrechen, Kopfweh und selbst ganz ausgesprochene Migräne vorhanden. In der Familie sind nervöse Erkrankungen, Migräne, Epilepsie, Chorea, Hysterie, Psychosen zu constatiren. Man kann ziemlich sicher sein, dass solche Personen in den Pubertätsjahren an Menstruationsstörungen, insbesondere an Dysmenorrhoe leiden werden.

Die zweite Gruppe zeichnet sich durch Zeichen der Degeneration, des Atavismus, fehlerhafter Bildung und Entwicklung aus. Die Irrenärzte kennen schon lange den Zusammenhang solcher Anomalieen mit Psychosen. Weniger gewürdigt dürfte die häufige Verbindung mit sonstigen, theils anatomisch begründeten, theils blos functionellen, nervösen Erkrankungen sein. Denkt man auch vielleicht bei den grossen Neurosen, wie Epilepsie daran, so wird man sich doch nicht so leicht bei einfacher Neurasthenie, Spinalirritation, neuralgischen Affectionen nach einem solchen ätiologischen Moment umsehen. Doch ist dieses durchaus nicht so ganz selten vorhanden. Für uns ist die Sache übrigens auch noch desswegen von Bedeutung, weil die Sexualorgane selbst der Sitz der Anomalie sein können, entweder ohne oder mit gleichzeitigen Veränderungen sonstiger Körpertheile. Es scheint fast, als ob gerade bei Bildungsfehlern der Genitalien Neurosen besonders häufig sind, auch beim männlichen Geschlecht. So wird mir von erfahrener Seite mitgetheilt, dass Cryptorchismus oft mit nervösen Leiden verbunden sei.

Angeborene Anlage mit Degenerationszeichen, Bildungsfehlern.

Bildungsfehler der Genitalien und Neurosen.

In der Aetiologie der Bildungsanomalieen werden gewöhnlich die Einflüsse der Race, der Familie, der socialen und culturellen Verhältnisse, des Klimas genannt. In Freiburg ist die Häufigkeit derselben und ihrer Verbindung mit Psychosen und Neurosen sehr gross, was ohne Zweifel mit dem häufig vorkommenden Cretinismus zusammenhängt. Da wo dieser oft vorkommt, fehlt es auch an einfachen Entwicklungsfehlern nicht, und in gegebenen Fällen kann es zuweilen recht schwer werden, zu entscheiden, ob das cretinistische Element dabei mitspiele oder nicht. Vielleicht überschätze ich, in Folge meiner eigenen, sehr reichen Erfahrung an einer bestimmten Localität, die Bedeutung des Zusammenhangs zwischen Ent-

Ursprung der Bildungsfehler.

wicklungsanomalieen und Neurosen. Doch habe ich denselben auch an Personen nicht selten gesehen, welche aus entfernteren Gegenden stammten. Bildungsfehler giebt es überall, und selbst der Cretinismus ist ja durchaus nicht auf das Gebirge beschränkt, und findet sich vielleicht häufiger auch an anderen Orten, als man gewöhnlich annimmt. Nur sieht man nicht die extremen Typen, erkennt dann auch nicht die weniger ausgeprägten Formen und schreibt einzelne Anomalieen des betreffenden Individuums auf andere Rechnung. Ein ganzer Poppele, wie man hier in Freiburg den Cretin nennt, ist leicht zu erkennen, aber ein $1/20$ oder gar $1/100$ Poppele ist nicht so leicht zu recognosciren, und doch laufen genug solcher in der Welt herum.

Das Aufzählen der einzelnen Degenerationszeichen hat keinen Zweck, da sämmtliche Bildungsfehler als solche gelten können. Mir sind Combinationen von Adactylie, Syndactylie, Situs transversus viscerum mit Neurosen bekannt, gerade so wie ich solche beobachtet habe bei den gewöhnlich in den Lehrbüchern angeführten abnormen Schädelformen, Missgestaltungen der Ohrmuschel, Prognathismus u. a.

Leichtes Uebersehen der Bildungsfehler. Bildungsfehler, kleinern Umfangs und Grades, werden leicht übersehen oder nicht beachtet, wie hauerähnliches Vorstehen der Eckzähne, mässiger Prognathismus des Oberkiefers bei Zurückweichen und mangelhafter Entwicklung des Unterkiefers. Andere werden nicht bemerkt, weil sie durch Kleidungsstücke verdeckt werden, wie verwachsene Zehen, Missbildungen der äussern Genitalien, oder weil sie, innere Körpertheile betreffend, erst durch eine sorgfältige Untersuchung zu erkennen sind. Hierher gehören die Defecte und die rudimentäre Entwicklung des Sexualschlauchs, die Doppelbildungen desselben [1], viele sogenannte allgemein gleichmässig verengte Becken, das

---

[1] Vgl. hierüber Holst, Beiträge zur Gynäkologie und Geburtskunde. 1. Heft, pag. 26 ff. — L. Meyer, Die Beziehungen der krankhaften Zustände und Vorgänge an den Sexualapparaten des Weibes zu Geistesstörungen pag. 92. Hysterie, Delirium, epileptiforme Anfälle. somnambule Zustände, Vagina und Uterus duplex, Tumor ovar.

Becken mit kindlichem Habitus, die Pelvis nana, oft mit gleichzeitiger Trennung der Epiphysen und Diaphysen an fast sämmtlichen Röhrenknochen des Skeletts. Recht häufig sind sowohl jene Abnormitäten der Genitalorgane, als auch diese deformen Becken, von welchen letzteren unsere Klinik eine ganze Collection besitzt, bei ausgeprägten oder angedeuteten Formen des Cretinismus oder der Idiotie.

Endlich wären hier noch, als für unser Thema wichtig, zu erwähnen, die von Virchow[1]) beschriebene angeborne Kleinheit der Gefässe und der angeborne Herzfehler, deren nicht seltene Verknüpfung mit rudimentärer Entwicklung der Sexualorgane und chlorotischen Zuständen von jenem Autor besonders hervorgehoben wird.

In einzelnen Fällen kann man die Ursache der Neurose nicht einmal durch Erkennung eines Bildungsfehlers an dem betreffenden Individuum herausstellen. Man findet sie erst an einem andern Familienglied. Das Eine hat die Neurose, das Andere trägt die Deformität. Mir ist eine Familie sehr wohl bekannt, in welcher sich vielfach verwachsene Finger und Zehen finden, ausserdem aber Idiotie, Epilepsie, schwere Migräne, Psychose. Die Vertheilung ist nicht etwa so, dass mit der Deformität gewöhnlich die Neurose verknüpft ist. Ein äusserlich vollständig normales und selbst kräftig entwickeltes Individuum leidet an Epilepsie, und eine Person mit verwachsenen Fingern zeigt ein anscheinend gesundes Nervensystem. Doch spricht sich die Affection des letzteren auch hier oft dadurch aus, dass selbst in jüngeren Jahren Zittern und schwankende Bewegungen der Hände und Arme beim Darreichen eines Gegenstandes oder beim Einschenken u. a. auffallen. Trotz mehrfacher Kreuzungen mit unbelasteten Familien, sind unter spätern Nachkommen noch Epilepsie oder Syndactylie bemerkt worden. Das Skelett im Hause!

Bildungsfehler und Neuropathieen sind fast stets Coeffecte.

---

[1]) Virchow, Ueber die Chlorose und die damit zusammenhängenden Anomalieen im Gefässapparate. Berlin 1872.

Verhältniss der Bildungsfehler und Neurosen. Die ausgeprägten Formen der Idiotie und des Cretinismus, welche sonst wenig praktisches Interesse für uns haben, sind desswegen unserer Beachtung werth, weil sie die Art des Zusammenhangs darthun. Den psychischen Defecten und den nervösen Symptomen, von meist depressiver Natur, entsprechen anatomische Veränderungen der Nervencentren, welche, sowie die äusseren Anomalieen, in mangelhafter Entwicklung ihre Ursache finden. Selbst die peripheren Nerven zeigen Neigung zu Neurombildung [1]). Wir schliessen daraus, dass auch der häufige Zusammenhang einfacher Bildungsfehler, welche nicht auf Idiotie oder Cretinismus beruhen, mit sogenannten functionellen Nervenleiden dieselbe Ursache habe, nur dass die Structurveränderungen so fein sind, dass wir sie nicht zu erkennen vermögen. Doch sind zuweilen die anatomischen Alterationen auch nachweisbar, so in der von Virchow [2]) angeführten, merkwürdigen Beobachtung Tüngel's, wo sich Hysterie (?), ungewöhnliche Formation grauer Gehirnsubstanz und Duplicität des Uterus und der Vagina gleichzeitig vorfanden.

Der Zusammenhang der Missbildung mit der Neurose kann jedoch auch ein anderer sein. Letztere wird nicht etwa durch eine gleichzeitige congenitale Veränderung der Nerven, sondern durch den Bildungsfehler eines beliebigen Organs secundär hervorgebracht. Das bekannteste Beispiel, welches Battey auf den Gedanken der „normal ovariotomy" geführt hat, ist der Uterusdefect bei gut functionirenden Eierstöcken. Obwohl hier die Sache sehr einfach und klar scheint und sicher auch vielfach dieser ebenerwähnte Causalnexus existirt, so muss man doch mit dieser Deutung im einzelnen Fall vorsichtig sein. Wenn man die einzelnen Krankengeschichten durchliest, kann man sich des Gedankens nicht erwehren, dass doch zuweilen schon ursprüngliche Veränderungen in den Nervencentren, oder Anomalieen im Gefässapparat (Herzfehler

---

[1]) Virchow's Geschwülste Bd. III, 1. Hälfte, pag. 261.
[2]) l. c. pag. 268.

sind nicht selten beschrieben) bei der Erzeugung der Erscheinungen mitgewirkt haben. Man hat wohl manches Symptom als vasomotorisch (Menstruatio vicaria) bezeichnet, welches in Wirklichkeit durch ein angebornes Vitium cordis hervorgerufen worden war.

Gerade die Circulationsorgane wird man besonders im Auge haben müssen, da Bildungsanomalieen derselben nicht selten sind, und sich mit Chlorose und Missbildungen des Sexualsystems combiniren. Aber auch ohne solches Zusammentreffen beeinflussen sie den Generationsapparat in hohem Grad, und können selbst durch Herbeiführung von Störungen in demselben, also auf einem Umweg, zu Neurosen führen.

Missbildungen der äussern Geschlechtstheile, Scheidenatresieen, rudimentäre Entwicklung der Vagina vermögen durch **fruchtlose Cohabitationsversuche, Coitus auf falschem Wege**, nervöse Krankheiten herbeizuführen.

Endlich sehen wir, dass Bildungsfehler nervöse Störungen auf **psychischem Wege** herbeiführen und die der Sexualorgane werden aus begreiflichen Gründen in hohem Grade diesen Einfluss ausüben[1]).

Die Ursachen der erworbenen Neuropathieen sind so zahlreich, dass wir uns damit begnügen, die für uns wichtigeren hervorzuheben. Auch hier wird durch den Hinzutritt sexueller Beziehungen die Sache oft recht complicirt, so dass nicht selten schwer zu entscheiden ist, was primär, secundär und was Coeffect ist, und welche Bedeutung jeder einzelne ursächliche Factor hat.

Die erworbenen Neuropathieen.

In der Kindheit und besonders in der Pubertätszeit wird durch eine **schlechte Körperpflege und besonders den Mangel körperlicher Bewegung in frischer Luft** oft der Grund gelegt. Bis zu einem gewissen Grade lässt sich die Geneigtheit zu Dysmenorrhoe, als Massstab der Disposition zu nervöser Affection annehmen, und die Statistik[2]) ergiebt, dass das

Mangelhafte körperliche Erziehung und Pflege.

---

[1]) L. Meyer, O. C. Uterus bicornis defectus vaginae. Melancholie nach Erkenntniss der Missbildung. Keine andere Ursache der Psychose.

[2]) Mary Putnam Jacobi, The Question of Rest for Women

Vorkommen der Dysmenorrhoe in umgekehrtem Verhältniss steht zu der Zeit, welche für Bewegung in der Luft verwendet wird. Natürlich kann eine übertriebene, erschöpfende körperliche Bewegung, selbst in frischer Luft, ihre Nachtheile haben. Man beobachtet vielfach bei Bauernmädchen eine mit zahlreichen nervösen Symptomen verbundene Chlorose, in Folge anhaltender und für den weiblichen Organismus allzuharter Arbeit auf dem Felde, wozu dann freilich nicht selten noch der Einfluss der Sonnenhitze, unzureichende Nahrung, Mangel an Schonung während der Menses kommen mag. Auch kann man Neurasthenieen, Spinalirritation, chlorotische Erscheinungen, zuweilen mit Amenorrhoe oder Dysmenorrhoe, ganz acut nach einer einzigen starken Strapaze (forcirte Fusstour, langes Reiten) entstehen sehen.

Fehlerhafte geistige Erziehung. Eine sehr grosse Rolle spielen **verkehrte geistige Erziehung und Beschäftigung.** Auch hier giebt die Statistik einen schätzenswerthen Aufschluss, indem sie nachweist, dass die Disposition zur Dysmenorrhoe bei verschiedenen Erziehungsweisen sich verschieden gestaltet. Besonders interessant dürfte die Thatsache sein, dass die sogenannte ornamentale oder decorative Erziehung, die Ausbildung zur Gesellschaftsdame, also Unterricht in neueren Sprachen, Musik, Malerei, Literatur besonders üble Resultate zeigte [1]). Auf der anderen Seite lieferte ein System, bei welchem die Gefühlssphäre weniger berücksichtigt und die Ausbildung der Intelligenz mehr angestrebt wurde, bessere Ergebnisse. Dass aber zu intensive und andauernde intellectuelle Arbeit auch sehr schädlich sein kann, ist bei Personen, welche sich zum Lehrerinnenexamen vorbereiten, oft genug zu bemerken. Vor nicht langer Zeit ist mir von einem Collegen eine junge Dame zugeschickt worden, welche, sonst gesund und kräftig gebaut, nach solchen andauernden Studien erkrankt war. Neben blas-

---

during Menstruation. London 1878, pag. 26 ff. Verfasserin giebt als nothwendiges Minimum körperlicher Bewegung in frischer Luft für Kinder und junge Mädchen zwei Stunden an.

[1]) Jacobi l. c. pag. 60.

sem Aussehen, Appetitlosigkeit, litt sie an einer Menge schmerzhafter Empfindungen in den Nerven des Plex. lumbalis und sacralis, welche wohl Jeder auf eine Sexualkrankheit bezogen hätte. Bei genauester Untersuchung in der Narcose war absolut nichts aufzufinden.

Die Nichtbefriedigung des Geschlechtstriebs oder auch ideellerer Gefühle, macht sich in ihrem nachtheiligen Einfluss, bald etwas früher, bald etwas später, besonders zwischen dem vierundzwanzigsten bis dreissigsten Lebensjahre, geltend [1]). Selbst die unschuldigsten und keuschesten Individuen bleiben nicht verschont, wenn sie in das Stadium der alten Jungfrauen eintreten. Gänzlich unbewusst, ohne Ahnung über die Quelle des Leidens, selbst vollständig in Unwissenheit über sexuelle Dinge, schreiben sie dasselbe andern Anlässen zu. Die Aerzte nennen auch diesen Zustand Chlorose. Die Haupterscheinungen sind Abmagerung, blasses Aussehen, Mattigkeit und Zerschlagenheit im Kreuz, Cardialgieen, trübe Gemüthsstimmung. schlechter Schlaf, verschiedene Menstruationsstörungen, insbesondere Dysmenorrhoe, Fluor u. a. — Hier hilft die sonst bei Chlorose oft ohne Grund gepriesene Heirath, oder auch ein fester Lebenszweck und eine bestimmte Beschäftigung, welche die Intelligenz vorzugsweise in Anspruch nimmt.

Die Nichtbefriedigung des Geschlechtstriebs.

Die üblen Folgen der Onanie auf das Nervenleben sind von den Autoren genügend hervorgehoben worden. Wir haben hier eine directe locale Reizung, welche selbst zu anatomischen Veränderungen, besonders Katarrhen, Hypertrophieen, führen kann, und ausserdem die hochgradige, allgemein nervöse und psychische Erregung.

Onanie.

Entschieden schädlich ist, besonders bei jüngeren Weibern, der Coitus interruptus und der Gebrauch von Präservativmitteln, um so mehr, wenn noch ein psychischer Factor hinzutritt und die Frau die Sache für unrecht hält.

Die Präservativmittel.

---

[1]) Chas. Fayette Taylor, Effect on Women of Imperfect Hygiene of the Sexual Function. The American Journal of Obstetr. vol. XV. pag. 161.

Impotenz des Mannes. Noch schlimmer wirken längere Zeit fortgesetzte **fruchtlose Cohabitationsversuche** bei zu straffem Hymen oder bei Impotenz des Mannes. Nicht blos schwere Neurosen, sondern auch bedeutende pathologische Veränderungen der Sexualorgane können dadurch entstehen, letztere theils in Folge der directen localen Irritation, theils indirect durch Vermittlung des Nervensystems. Ich besitze hierfür eine Beobachtung, welche letzteren Modus in sehr prägnanter Weise documentirt. Eine bis dahin vollständig gesunde, kräftige und blühende Dame aus unbelasteter Familie, heirathet. Der Mann, welcher sehr keusch gelebt hatte, kommt, wegen Ungeschicklichkeit oder Straffheit des Hymens, oder vielleicht auch wegen ursprünglicher Impotenz, nicht zum Ziel. Jahrelang werden die Versuche fortgesetzt. Allmählig treten Menstruationsstörungen, verschiedene Lendenmarkssymptome, asthmatische Zufälle, Kopfdruck, Schlaflosigkeit, Wein- und Lachkrämpfe auf. Endlich kommt es zu Hallucinationen und Dämmerungszuständen. Die verschiedensten Kuren blieben ohne Erfolg. Als zuletzt fixe Schmerzen in beiden Leistengegenden und leichtes Fieber dazu kamen, wurde ich zu Rath gezogen. Uterus und Scheide zeigten, abgesehen von mässigem Katarrh, keine Veränderung. Dagegen waren beide Eierstöcke in hühnereigrosse Tumoren umgewandelt und der rechte immobil. Ich vermuthete, obgleich beim Untersuchen an der Tube keine Veränderung gefunden werden konnte und die Endometritis nicht bedeutend war, dass die Erkrankung der Ovarien durch eine Salpingitis, also durch Fortkriechen in der Mucosa, per continuitatem, entstanden sei. Ich besann mich lange, ehe ich mich zur Exstirpation der Eierstöcke entschloss. Eine Heilung allein durch Castration liess sich nicht erwarten, da hier eine mächtige Irritation des ganzen Nervensystems und der Psyche von Anfang an vorhanden war. Auf der andern Seite war der örtliche Prozess im Fortschreiten und ich sah keine Möglichkeit einer erfolgreichen anderweitigen Behandlung des nervösen Leidens, ohne vorhergehende Entfernung der beiden localen Reizheerde. Ich machte also die Castration, nebenbei bemerkt, das einzigemal bei einer ausgesprochenen Psychose. Beide Organe befanden sich in einem Zustande hochgradiger folliculärcystischer Entartung mit Wucherung des Stromas. Der rechte Eierstock zeigte ausserdem die Spuren adhäsiver Entzündung. Beide Tuben, welche ebenfalls entfernt wurden, waren vollständig gesund. Die functionellen nervösen Störungen sind daher als primär und die anatomische Veränderung als secundär, als durch jene bedingt, aufzufassen und es dürfte von Wichtigkeit sein, dass dies für einen bestimmt characterisirten und häufig vorkommenden Befund der Eierstöcke festgestellt werden konnte. Die Zeit ist noch zu kurz, um über den bis jetzt günstigen Erfolg mich endgültig auszusprechen. Uebrigens konnte hier durch die Operation nichts erzielt werden, als die Herstellung der Bedingungen, unter welchen allein eine anderweitige Therapie Erfolg versprach.

Psychische Noxen sind besonders schädlich, wenn sie längere Zeit hindurch einwirken. So wird häufig berichtet, dass das Nervenleiden sich nach der Pflege eines kranken Angehörigen zuerst gezeigt habe. Nur einmal einwirkende Affecte, wie Schrecken, müssen schon sehr intensiver Art sein, wenn sie eine schwere und dauernde Neurose hervorbringen sollen, und ich kann mich von der vielfach neuerdings ausgesprochenen Annahme der Häufigkeit solcher Genese nicht überzeugen. Man übersieht, dass der Affect in solchen Fällen nur der letzte Anlass zum Ausbruch des Leidens ist und nur bei einem schon bedeutend veränderten Nervensystem den starken Erfolg haben konnte. Es verhält sich hier ähnlich, wie bei der Blendung des Auges.

Auch bei der Einwirkung rein psychischer Noxen zeigt sich die bei dem Weibe so ausgesprochene Disposition zur Mitleidenschaft des Sexualapparats, oder, schärfer ausgedrückt, der Genitalnerven. Ein Schrecken bringt einen allgemeinen Krampfanfall und gleichzeitig eine Suppressio mensium hervor. Beide sind für gewöhnlich Coeffecte und eines ist so gut eine Schreckneurose, als das andere. Bei mehr allmählig aus psychischen Ursachen entstehenden Nervenleiden spricht

Psychische Noxen.

sich jene Disposition gewöhnlich so aus, dass gleichzeitig Lendenmarkssymptome, die mannigfachsten Menstruationsstörungen und Fluor sich ausbilden. Gefördert wird das noch, wenn die psychische Schädlichkeit schon irgend eine Beziehung zum sexuellen Leben hatte, wie bei Liebeskummer. Ich wurde vor etwa einem Jahr zur Untersuchung eines Mädchens aufgefordert, welches, von kräftigem Körperbau, seit mehreren Jahren über Kopfschmerzen, Kopfdruck, allerhand Menstruationsstörungen und über die mannigfachsten Erscheinungen in den vom Lendenmark ausgehenden Nerven klagte. Die Untersuchung ergab normale Verhältnisse, allerdings mit Ausnahme eines nicht unbedeutenden Katarrhs des Gebärmutterhalses und leichter Verdickung dieses Theils. Bei vollständig normaler Beschaffenheit der äusseren Genitalien, straffem Hymen und enger Scheide konnte ich diese Veränderung nur für secundär ansehen. Die Familienverhältnisse dieses Mädchens hatten sich, in Folge sexueller Verirrungen des Vaters, äusserst traurig gestaltet und gänzlich unbegründete, üble Nachreden waren über die Kranke selbst ausgebreitet worden. Ich habe keinen Zweifel, dass die psychische Affection das Primäre war und die Aufmerksamkeit, durch die Qualität der psychischen Noxe auf sexuelle Verhältnisse gerichtet, die Störungen in den Nerven der Genitalien und ihrer Nachbarschaft hervorrief.

Einfluss schwerer acuter und chronischer Leiden. Der Einfluss schwerer acuter, besonders infectiöser Erkrankungen, wie z. B. der Diphtheritis, des Typhus, der Scarlatina, sowie chronischer Leiden, stärkerer Blutverluste, zu häufiger, rasch wiederholter Niederkünfte auf Entstehung nervöser Affectionen ist bekannt genug. Ebenso genügend hervorgehoben sind die Schädlichkeiten, welche unser sociales Leben bietet, der Aufenthalt in überfüllten, überhitzten und schlecht ventilirten Räumen, das Gaslicht, die Cigarette, der durch die sich ausbildende Erschöpfung nothwendige Genuss der Reizmittel, die fast ausschliessliche Fleischkost. Unter den Privatkranken meiner Klinik sind selbst Morphinistinnen nicht ganz selten.

Einfluss der Schädlichkeiten des socialen Lebens.

Das Verhältniss zwischen einem durch die angegebenen Momente bedingten Nervenleiden und der gleichzeitig bestehenden Sexualkrankheit ist im Allgemeinen am häufigsten wohl das des Coeffects. Beide haben einen und denselben Ursprung. Nicht ganz selten ist die nervöse Erkrankung zuerst vorhanden und erzeugt anatomische und functionelle Störungen des Generationsapparats. Auch unter solchen Umständen bildet sich bald ein Circulus vitiosus aus, wie wir solchen bereits bei primärem Sexualleiden sich entwickeln sahen. Derselbe bleibt selbst da nicht aus, wo beiderlei Affectionen verschiedenen Ursachen ihre Entstehung verdanken. Der dunkelste Punkt bei Allem diesem bleibt die Erzeugung der Sexualleiden durch Nerveneinfluss. Wir müssen da vasomotorische, und direct oder indirect herbeigeführte trophische Vorgänge annehmen. Auch spielt die Muskulatur des Uterus und seiner Ligamente gewiss eine Rolle. Dass Störungen der Menstruation nicht selten ausschliesslich durch Nerveneinfluss bedingt sind, unterliegt ja keinem Zweifel. Dass Katarrhe dieselbe Quelle haben können, dafür sprechen physiologisches Experiment und Analogieen. Nicht selten liegt dem Heufieber nichts anderes zu Grunde, als eine nervöse Störung. Im Inanitionsstadium der Morphinisten bildet sich nicht selten eine profuse Secretion der Nase aus. Gerade für den Katarrh ist die Möglichkeit einer solchen secundären Entstehung festzuhalten. Man findet oft bei jungfräulichen Personen, neben Chlorose und allgemeineren, oder mehr auf die Lendenmarksnerven beschränkten, nervösen Symptomen, einen grössern oder geringern Grad von Endometritis catarrhalis. Die Entscheidung, ob man es hier mit einem durch Infection (im weitesten Sinn), oder durch nervöse Einflüsse, oder auch durch veränderte Blutbeschaffenheit, erzeugten Katarrh zu thun habe, ist ausserordentlich wichtig. Nur in ersterm Fall ist eine sofortige energische Localbehandlung gerechtfertigt. Im andern Fall wird eine allgemeine Behandlung die Hauptsache sein und man wird sich besinnen, ob man eine locale Therapie, welche hier entschiedene Nachtheile haben kann, überhaupt anordnen soll. Auch die Entstehung von Lage- und Formveränderungen des Uterus, wenigstens der Flexionen und der so häufigen Erschlaffungsretroversionen, kann in ungenügender Innervation der Muskeln, und besonders in directen oder vielleicht noch mehr in indirecten (Digestionsanomalieen, Schlaflosigkeit etc.), trophischen Einflüssen von Seiten der Nerven, ihre Erklärung finden.

III. Zur Indicationsstellung der Castration bei Neurosen.

Nothwendigkeit einer genauen Abschätzung der einzelnen, ursächlichen Factoren.

Die sorgfältigste Analyse jedes einzelnen Falls nach den angegebenen Gesichtspunkten hat, wie man sieht, nicht blos theoretisches Interesse, sondern bestimmt unmittelbar unser praktisches Handeln. Wir erkennen daraus, von wo man dem Ding beikommen kann und häufig ist dies ja von verschiedenen Seiten her möglich. Das Schlimme für die Patientin besteht gewiss darin, dass ihr der Eine blos von der Psyche aus, der Andere nur von den übrigen Abschnitten des Nervensystems, der Dritte vom Blut her, und der Vierte blos von den Generationsorganen aus helfen will, während sich doch nicht stets von einem Punkt aus kuriren lässt.

Bei der schwierigen Frage, bezüglich der therapeutischen Massnahmen, besonders solcher operativer und mit Gefahr für das Leben verbundener Natur, ist die genaue Präcisirung der einzelnen, bei Entstehung eines Erscheinungscomplexes concurrirenden Factoren, welche ja fast stets mehrere sind, von entscheidender Bedeutung. Das Beste wäre eine Gleichung, etwa folgender Art: die Veränderung im Nervensystem durch die von den kranken Eierstöcken ausgehende Irritation + der durch eine schlechte Beschaffenheit des Bluts hervorgebrachten

Veränderung + der durch Circulationsstörungen in Folge eines Herzfehlers bedingten Veränderung = der Veränderung, welche dem epileptischen Anfall zu Grunde liegt. — So weit sind wir freilich nicht und die Gleichung würde sich auch selten so einfach gestalten, aber es ist doch gut, sich klar zu machen, in welcher Weise eigentlich eine solche Frage gelöst werden sollte. Man wird dann auch mit approximativen Bestimmungen in praxi ausreichen.

Das sexuelle Leiden braucht nicht primär aufgetreten zu sein, um eine vorzugsweise gegen dasselbe gerichtete, eingreifende Therapie zu rechtfertigen. Diese ist angezeigt, sobald jenes ein integrirender Factor bei der Erzeugung der Neurose ist, ohne dessen Beseitigung eine Heilung oder Besserung nicht zu erwarten steht. Ist dies entschieden, so wird man natürlich erst alle anderen Mittel anwenden, welche irgend Erfolg versprechen, ehe man an eine lebensgefährliche Operation denkt. Dass ferner die Gefahren und Beschwerden, welche durch die Affection hervorgerufen sind, hochgradige sein und in einem Verhältniss zu der Gefahr der Castration stehen müssen, ist selbstverständlich.

Wir haben aber auch ferner festzustellen, ob durch die Exstirpation der Eierstöcke auch das die Neurose erzeugende Moment des pathologischen Vorgangs in dem Genitalapparat beseitigt werde. Dies ist stets der Fall, wenn der erkrankte Eierstock selbst, oder die nächst anliegenden und mit ihm entfernbaren Theile, wie die Tube, den Irritationsheerd allein darstellen. Je weniger complicirt die Befunde, je freier, beweglicher die pathologisch veränderten Gebilde, je weniger das Bauchfell oder Parametrium afficirt sind, desto besser die Aussicht auf vollständige Heilung. Man findet solche günstigen Verhältnisse zuweilen bei selbst hochgradiger kleincystischer Follikeldegeneration und Stromaentartung der Ovarien [1]). Freilich ist auch hier die Sachlage

Ist durch die Castration das in dem pathologischen Vorgang ursächliche Moment der Neurose zu beseitigen?

Isolirte Erkrankung des Eierstocks und der Tube.

---

[1]) Dr. Bircher, Gynäkol.-chirurg. Mittheilungen. Correspondenzbl.

nicht selten weniger aussichtsvoll. Der Prozess ist häufig ein secundärer, von dem Parametrium ausgehend. Hier sind Bindegewebsschrumpfungen, und diese setzen sich fort auf das Stroma ovarii, worauf dann auch der Follicularapparat erkrankt. Die Eierstocksaffection ist nur eine Theilerscheinung eines allgemeineren Prozesses. Auch kann die Degeneration vom Peritoneum ausgehen, so dass wir zuerst eine, durch Salpingitis oder durch eine andere Ursache, hervorgerufene Pelviperitonitis haben. Natürlich wird die Aussicht auf Erfolg durch solche Complicationen erheblich verringert, während die Prognose bei mehr idiopathischer oder in Folge von Affectionen des Uterus, wie Lageanomalieen, ohne Mittelglied der Peritonitis und Parametritis entstandener, derartiger Eierstockdegeneration günstiger ist [1]). Auch da wird die Ursache direct beseitigt, wo die Function der Keimdrüse den die Neurose hervorrufenden Reiz darstellt, wie bei Defect und rudimentärer Beschaffenheit des Uterus. In vielen anderen Fällen aber treffen wir diese Ursache nicht direct, sondern suchen ihr erst auf einem Umwege, durch die Folgen des Ausfalls der Eierstocksfunction, den künstlichen Klimax, beizukommen. Die Gebärmutter, welche durch sehr verschiedene Eigenschaften, wie z. B. durch ungewöhnliche Ausscheidungen, oder durch fehlerhafte Lage und Form, oder durch Structurveränderungen, oder durch ungewöhnliche Grösse und Gewicht eine nervöse Affection hervorbringt, wird nicht entfernt. Wir müssen daher darüber sicher sein, ob durch den künstlichen Klimax jene besondere, die Neurose bedingende Eigenschaft des kranken Organs hinwegfällt. Eine nicht corrigirbare Retroversion mit beträchtlicher Anschwellung besteht, und Alles spricht dafür, dass eine Reihe nervöser Symptome durch

---

für Schweizer Aerzte 1884. — Flechsig (Sänger), Zur gynäkologischen Behandlung der Hysterie. Neurol. Centralbl. 1884, Nr. 19 u. 20. Sehr gutes Resultat bei schweren hysterischen Störungen. Ganz uncomplicirt war übrigens der Befund nicht.

[1]) Börner, Castration wegen Retroflexio. Wiener med. Wochenblatt 1880, Nr. 19 u. 20. Günstiger Erfolg, 4 Jahre nach der Operation festgestellt.

Druck auf den Pl. sacralis hervorgerufen sei. Gleichzeitig tragen auch starke Menorrhagieen zur Verschlimmerung des Zustandes bei. Hier können wir eine Heilung durch die dem Klimax folgende Verkleinerung des Organs und die Amenorrhoe erwarten. Haben wir dagegen eine hochgradige Flexion mit bedeutenden Structurveränderungen, Zerrung, Knickung und Compression der Nerven an der Umbeugungsstelle, so wird der Erfolg problematisch sein. Man hat daher hier zu Hülfsoperationen gegriffen und den Ovarialstiel zur dauernden Reposition in die Bauchdecken eingenäht, auch wohl diese allein intendirt und nur ein Ovarium entfernt, um dessen Verbindungen zur Fixirung des Uterus zu benutzen.

Wir haben ein Fibrom vor uns und betrachten die dadurch erzeugten Blutungen als den wichtigsten ursächlichen Factor eines Nervenleidens. Ist ein gewöhnliches intramurales Myom vorhanden, so können wir auf seine Schrumpfung und auf Sistirung der Hämorrhagieen zählen und damit auch auf eine Beseitigung der Nervenaffection. Ist jedoch die Anämie nicht jenes Hauptmoment bei der Entstehung der Neurose, sondern eine beträchtliche Formveränderung der Gebärmutter, wie sie nicht selten durch Myome erzeugt wird, und wird diese nicht gleichzeitig durch die Castration beseitigt, so fehlt der Erfolg.

Am complicirtesten gestalten sich die Verhältnisse bei den Entzündungszuständen und Schrumpfungsvorgängen der Uterinanhänge. Hier sind leider auch die meisten Misserfolge zu verzeichnen, was um so mehr zu bedauern ist, als jene Prozesse ein grosses Contingent schwerer nervöser Leiden stellen.

Zuweilen sind Perioophoritis, Perisalpingitis vorhanden und dabei nur die zunächst angrenzenden Abschnitte des Ligaments ergriffen, so dass die vollständige Exstirpation aller kranken Theile möglich ist. Dann spielt jedoch der künstliche Klimax keine grosse Rolle und wir haben den Reizheerd direct beseitigt. In vielen Fällen ist eine Wegnahme aller degenerirten Theile nicht statthaft. Dann kann die Castration noch günstig wirken, wenn die unter solchen Umständen häufig stattfindende Recrudescenz des entzündlichen Prozesses, in Folge der menstruellen Congestion, sehr ausgesprochen war. Auf den baldigen Wegfall letzterer durch die Castration kann man jedoch leider gerade bei entzündlichen Vorgängen nicht sicher rechnen, da diese selbst wieder die periodischen Hyperämieen anzuregen im Stande sind. Ich habe einzelne günstige Erfolge, noch spätere Zeit nach der Operation, eintreten sehen, nachdem diese Molimina oder die unregelmässigen, zuweilen auch regelmässigen Blutungen aufgehört hatten. Die Chancen sind jedoch unsicher.

Die Autoren berichten von Heilungen oder Besserungen, auch nach unvollständiger Exstirpation der in entzündlichem Exsudat eingebetteten Ovarien oder kleineren Ovarialtumoren. Da hier weder der künstliche Klimax herbeigeführt, noch das kranke Gebilde beseitigt worden ist, so muss der günstige Ausgang etwas Anderem zugeschrieben werden. Es liegt nahe, an die zuweilen eintretenden guten Folgen eines acuten, selbst bis zur Abscedirung führenden Prozesses bei allen chronischen Entzündungen zu denken. Dass man aber hierauf keine Operationsanzeige gründen kann, ist einleuchtend.

Schrumpfungsprozesse der Ligamente.

Zweifelhaft sind die Aussichten auch bei ausgedehnteren und intensiveren Schrumpfungsprozessen der Ligamente, welche sich theilweise sehr schleichend ohne irgend acutere Entzündungserscheinungen ausbilden. Die Compression der in festem Gewebe eingebetteten Nerven und die Immobilität der Beckenorgane, welche zu ihrer richtigen Functionirung einer gewissen Beweglichkeit bedürfen, werden selten beseitigt und daher auch nicht die wirksamsten ätiologischen Momente der Neurose. Einige haben auch hier gute Resultate erzielt; wie Klotz[1]), welcher grosse Abschnitte der entarteten Ligamente

---

[1]) Klotz l. c. Der Operateur berichtet mir, dass der gute Ausgang jetzt nach Jahren noch Stand halte. An der vollständigen Heilung ist daher nicht zu zweifeln. Die Fälle von Klotz sind nicht allein wegen des schönen Erfolgs von Interesse, als wegen des Aufschlusses, den sie über den Entstehungsmodus hochgradiger Neurosen durch Sexualerkrankungen geben.

entfernte, das Uebrige dehnte und den Uterus sowie die Blase gewaltsam aus ihren abnormen Verbindungen loszog. Hier ist also der Erfolg durch andere Eingriffe erzielt worden und die Castration hat wahrscheinlich eine ganz untergeordnete Rolle gespielt. Kaltenbach hat auch ein sehr schönes Resultat, Beseitigung epileptiformer Anfälle, durch eine ähnliche Operation gehabt. Ich habe ebenfalls solche Castrationen gemacht, glaube aber nicht, dass sie im Allgemeinen zu empfehlen sind, obgleich einige guten Erfolg hatten. Dieser kann nämlich noch sehr lange Zeit nach der Operation zu nichte werden, in Folge allmählig sich ausbildender neuer Schrumpfungsvorgänge. So habe ich ein Jahr lang sehr gutes Befinden und dann Wiederkehr der Beschwerden gesehen. Leider giebt auch die Massage und Dehnung auf unblutigem Wege wenig gute Resultate.

Hydro- und Pyosalpinx sind nicht selten mit Starrheit und Verkürzung der Ligamente verbunden, wobei auch der Eierstock zuweilen klein, höckerig ist und ein derbes Stroma mit wenig Folliculargewebe zeigt. Auch findet sich wohl ein geschrumpftes, unelastisches breites Mutterband, an welchem die gewundene Tube fest verwachsen und dabei von einem eingedickten Secret ausgedehnt ist. Die Veränderung der Tube ist in letzterem Fall wohl secundär und die Folge der Verklebung der Fimbrien und des ganzen Adhäsivprozesses. Die Wegnahme der Tube und der Eierstöcke beseitigt die hier oft hochgradig nervösen Symptome nicht mit Sicherheit[1]). Das erkrankte Gewebe wird oft nicht vollständig entfernt und der künstliche Klimax wirkt höchstens dadurch, dass die periodischen Congestivzustände nachlassen, was auch hier nicht einmal mit Sicherheit, besonders nicht in der nächsten Zeit nach der Operation, zu erwarten ist.

Es würde mich zu weit führen, hier noch weiter auf Einzelheiten einzugehen. Das Angeführte genügt, um den

---

[1]) Bruntzel, Vier Castrationen. Aus der Spiegelberg'schen Klinik. Archiv f. Gynäkologie Bd. XVI, pag. 111, Fall III. Typisches Beispiel eines Misserfolgs aus dieser Ursache.

Grundsatz, nach welchem in jedem einzelnen Fall verfahren werden sollte, zu erläutern. Wo wir durch den künstlichen Klimax wirken wollen, ist der einfache Nachweis des Zusammenhangs der Neurose mit einer Sexualerkrankung, welche wir so oder so betiteln, die aber bei gleicher Benennung sehr verschiedene Eigenschaften haben kann, unzureichend. Wir müssen das diese Erkrankung begleitende Moment kennen, welches die Neurose hervorbringt, und müssen wissen, dass es durch die Castration beseitigt wird.

Formulirung der Indication. Sollen wir eine Indication für die Castration bei Neurosen aufstellen, so erschiene uns etwa folgende Formulirung passend. Die Castration ist bei einer Neurose, welche abhängig ist von einer pathologischen Veränderung der Sexualorgane, dann indicirt, wenn andere Behandlungsweisen ohne Erfolg angewandt worden sind, oder solchen durchaus nicht erwarten lassen. Das Leiden muss lebensgefährlich sein, oder die psychische Gesundheit entschieden gefährden, oder jede Beschäftigung und jeden Lebensgenuss unmöglich machen. Die Ursache der Neurose muss durch die Operation entfernt, oder ein ursächlicher Factor muss dadurch weggeschafft werden, ohne dessen Beseitigung an eine Heilung oder Besserung nicht gedacht werden kann. In letzterem Falle sollen die übrigen ätiologischen Momente ebenfalls der Therapie zugänglich sein.

Combination der Anzeigen. Im Allgemeinen wird man nicht häufig in der Lage sein, blos eines Nervenleidens wegen, die Castration in Aussicht zu nehmen. Unerträgliche Neuralgieen, epileptiforme Anfälle, Epilepsie, wohl auch eine Psychose könnten, allein für sich, eine lebensgefährliche Operation indiciren. Die Verhältnisse, wie sie das praktische Leben bietet, sind aber gewöhnlich complexer Natur und die Motivirung der Operationsanzeigen ist daher nicht immer eine einfache. So liegen uns oft mehrere Momente vor, von welchen kein einziges für sich uns zur Wegnahme der Eierstöcke veranlassen könnte, während ihre Combination uns dazu führt. So vermögen auch weniger bedeutende nervöse Leiden, in Verbindung mit anderen Beschwerden, und in Berücksichtigung des Characters der Erkrankung, die Castration zu indiciren. Hat man z. B. ein kleines Kystom, welches voraussichtlich weiter wachsen wird, so kann die gleichzeitige Anwesenheit einer davon abhängigen heftigen Neuralgie uns zur Operation bestimmen. Das stetige, wenn auch nicht gerade rasch fortschreitende Wachsthum eines Fibroms, die Blutungen und eine, durch Compression des Plex. sacralis hervorgerufene, nervöse Affection können in ihrer Vereinigung den Eingriff nothwendig machen, wenn auch keiner jener Umstände für sich allein dies gethan hätte.

Eine wenig umfangreiche und auch nicht rasch wachsende Eierstocksgeschwulst ist, in Folge eines sehr langen Stiels, äusserst beweglich, so dass die Gefahr der Axendrehung nahe liegt. Wir werden dieselbe wegnehmen, auch wenn eine durch den Tumor erzeugte Neurose allein uns nicht dazu bewogen hätte. Bei einer solchen Sachlage würden wir uns um so leichter entschliessen, als die Gefahr bei einer solchen Stielbeschaffenheit eine sehr geringe ist, vorausgesetzt, dass nicht andere besondere Verhältnisse sie vergrössern. Der Grad der Lebensgefahr ist überhaupt bei der Abwägung pro et contra sehr ins Auge zu fassen. Bei der Castration bestehen ganz ausserordentliche Verschiedenheiten. Die Exstirpation nicht verwachsener Ovarien, bei schlaffem, dehnbarem Ligament, ist ein sehr leichter und wenig gefährlicher Eingriff, obgleich man nie vergessen darf, dass unsere primäre Antisepsis nicht so ausgebildet ist, um auch bei der einfachsten Laparotomie die Sache ganz in der Hand zu haben. Dagegen ist die Exstirpation verwachsener Ovarien oder kleiner Tumoren, welche in Exsudat eingebettet sind, oder mit einem straffen Ligament fest verwachsen sind, oft ein gefährlicher und äusserst schwieriger Eingriff.

Man hat nun auch die Castration vorgeschlagen und selbst ausgeführt bei Neurosen, bei welchen keine anatomische Veränderung der Geschlechtsorgane bestand. Trotz der Abwesenheit einer solchen, hielt man die Nervenaffection durch den Sexualapparat bedingt, oder man sah selbst ganz von einem solchen Zusammenhang ab, und wollte eine Heilwirkung erzielen durch den Einfluss, welchen der künstliche Klimax auf den Organismus im Allgemeinen und speciell auf das Nervensystem ausübt. Man sagte wohl auch, es giebt Personen mit solcher Schwäche des Nervensystems und des ganzen Organismus, dass die geschlechtlichen Functionen zu viel für sie sind und dass nur der Ausfall derselben ihnen ein erträgliches Dasein verschafft.

Im ersteren Falle stützte man sich auf functionelle Störungen der Generationsorgane, insbesondere Menstruationsanomalieen, welche in Begleitung der Neurose vorhanden waren. Da, wo selbst jene fehlten, betrachtete man das zeitliche Zusammentreffen mit einer normalen Periode als Beweis für die ursächliche Beziehung. Bei rein functionellen Störungen liegt aber die Annahme ihrer secundären Genese stets nahe, und zwar gewöhnlich einer solchen, nach welcher dieselbe Ursache die Neurose und jene Abweichungen in der normalen Thätigkeit des Sexualapparats erzeugt. Man wird nicht blos an dieser Annahme von der secundären Natur der letzteren, sondern auch an ihrer untergeordneten Bedeutung in der Causalkette überhaupt auch aus einem anderen Grund festhalten müssen. Bei jahrelanger Dauer des Uebels, ohne welche man ja an die Castration unter solchen Umständen nicht denken wird, müsste sicher ein pathologischer Befund in den Sexualorganen nachzuweisen sein, wenn eine primäre Affection derselben die Ursache darstellte, oder wenn sie nur in sehr bedeutendem Grade an der Genese betheiligt wären.

Die zeitliche Coincidenz allein mit der Menstruation kann, wie dies ebenfalls schon erwähnt worden ist, höchstens dafür sprechen, dass irgend ein Moment des complicirten Vorgangs, von welchem die typische Blutung einen Theil darstellt, die occasionelle Ursache zum Ausbruch oder zur Steigerung der Neurose abgiebt. Natürlich kann die Grundursache eine ganz andere sein, wie dies ja auch vielfach für die periodischen Psychosen bewiesen ist.

Eine Indication, welche sich auf den allgemeinen Effect der Castration stützt, können wir bei dem jetzigen Stand unseres Wissens nicht aufstellen. Der Eintritt einer besseren Ernährung und vielleicht eines ruhigeren Temperaments werden eine schwere Neurose nicht zum Schwinden bringen. Vielleicht erlangen wir in Zukunft mehr Anhaltspunkte, wenn unsere Kenntnisse über das Wesen der Menstruation und die eigenthümlichen Schwankungen in den Lebensprozessen des Weibes, welche in Beziehung dazu stehen, vollständiger sind. Auch Erfahrungen über den Einfluss der Castration auf das physiologische Nervenleben und auf pathologische Vorgänge, welche nicht von dem Sexualsystem abhängig sind, können solche verschaffen. Man wird Gelegenheit haben, solche an Personen zu machen, bei welchen, anderweitiger Ursachen wegen, die Eierstöcke weggenommen worden sind. Auch der Einfluss des natürlichen Klimax auf nervöse und andere Erkrankungen sollte besser studirt werden. Wir haben bereits angeführt, dass merkwürdige Fälle der Heilung schwerer und langdauernder Psychosen durch jenen Wechsel berichtet werden. Der Ausfall der Keimdrüsen scheint ja 'auch bei Osteomalacie, an und für sich, und nicht nur durch Herbeiführung der Sterilität günstig zu wirken.

Ich möchte nicht in Abrede stellen, dass man später einmal Indicationen aufzustellen vermöge, gestützt auf die Einwirkung, welche das Nervenleben, die Ernährung, der Stoffwechsel u. s. w. durch den künstlichen Klimax erfährt. Das ist aber Zukunftsmusik.

IV. Die Misserfolge der Castration.

Die in der Literatur mitgetheilten, theilweise schlechten Resultate der Castration bei Neurosen haben diese Operation überhaupt vielfach in Misskredit gebracht. Ein guter Theil der Misserfolge liegt in der nicht rationellen Stellung der Indication, worüber wir uns schon ausgesprochen haben.

Fehlerhafte Indicationsstellung. Einen besonders schlechten Erfolg haben im Allgemeinen die Castrationen gehabt, welche man bei Abwesenheit jedes pathologisch-anatomischen Substrats in den Sexualorganen vollzogen hatte und wo der Causalnexus auf sehr wenige und schwache Indicien hin vorgenommen worden war [1]).

Unvollkommene technische Ausführung. Eine zweite Quelle des Fehlschlagens liegt in der unvollkommenen technischen Ausführung, insbesondere in dem Zurücklassen einzelner Eierstockstheile oder sehr veränderter Gewebspartieen. Das letztere betrifft besonders Tuben und Abschnitte des breiten Mutterbands. Man wird sich durch die sorgfältigste Untersuchung vor der Operation überzeugen, ob man Alles, was bei der Genese der Erscheinungen betheiligt sein kann, auch wegzunehmen vermag. Im andern Fall steht man besser von dem Eingriff ab, um so mehr, als die zurückgelassenen entarteten Gebilde nicht blos an sich als nervöse Reizheerde wirken, sondern auch leicht weitere entzündliche Vorgänge veranlassen können.

Zuweilen hat man beide Fehler, unrichtige Stellung der Anzeige und unvollkommene Technik, combinirt, wie dies von Spencer Wells geschehen ist [2]). Derselbe castrirte ein

---

[1]) Bruntzel, Vier Castrationen. Archiv f. Gynäkologie Bd. XVI, pag. 114, Fall X. — Leopold, 30. Laparot. Bd. XX, pag. 71. Fall XXII mit gutem Ausgang war mit einer pathol. Veränderung der Ovarien verbunden. Hühnereigrösse ist doch zu viel für einen normalen Eierstock, auch wenn die Turgescenz in so hohem Grade vorzugsweise kurz vor den Menses constatirt wurde.

[2]) Case of Removal of Both Ovaries for Dysmenorrhoea. Transact. of the American gynaecol. soc. vol. IV, pag. 198.

fünfzigjährige (!) Frau, nicht etwa um ein pathologisch verändertes Organ zu entfernen, was gerechtfertigt gewesen wäre, sondern um der Ovulation ein Ende zu machen, also den künstlichen Klimax bei der Matrone herbeizuführen. Dabei verletzte er den Darm beim Bauchschnitt, liess Stücke des einen Ovariums zurück und nähte die Abdominalwände so unvollkommen zusammen, dass Theile des Netzes vorfielen und an dieser Stelle ein lästiger Bauchbruch entstand. Der Erfolg war natürlich sehr mässig. So weit man nach dem ungenügenden Untersuchungsbericht Thornton's urtheilen kann, war wenig oder kein ovulirendes Gewebe mehr vorhanden. Die Affection bestand in einer Hydropyosalpinx, bei welcher die Fimbrien fest mit den theils folliculärcystisch, theils fibrös entarteten Ovarien verbunden waren. Es war einer von den nicht seltenen Fällen, in denen entzündliche Zustände der Uterinanhänge, wie dies ja auch Neubildungen thun, den Eintritt der Menopause hinausziehen, auch wenn der Eierstock nicht mehr functionirt. Die Operation hätte blos dann Berechtigung gehabt, wenn sie in der Intention, ein krankhaftes Gebilde zu entfernen, unternommen worden wäre. Bei einer genauen Untersuchung, welche aber nicht angestellt geworden zu sein scheint, hätte man sich wohl überzeugt, dass die vollständige Beseitigung der sehr intensiv veränderten Theile nicht möglich war. In jedem Fall würde man aber bei dem 50. Lebensjahr der Patientin die Sache am besten abgewartet haben.

Ich habe dies Beispiel angeführt, weil es zeigt, auf welche Erfahrungen hin man ein wegwerfendes Urtheil über die Castration überhaupt gegründet hat. Interessant, aber psychologisch sehr erklärlich ist der Umstand, dass Leute, welche durch eigene Schuld schlechte Resultate erlangt haben, nun Gegner des ganzen Verfahrens geworden sind.

Die Castration hat jedoch, auch bei richtig gestellter Anzeige und guter Ausführung, zuweilen keine oder unvollkommene Erfolge geliefert. Den Ursachen davon nachzugehen, ist von grossem praktischem Werth, indem wir dadurch in Stand gesetzt werden, manche Fehler zu vermeiden. Ausserdem liegt aber auch ein hohes theoretisches Interesse vor, indem jene Nachforschung wohl geeignet sein dürfte, über das Wesen der Menstruation und die Genese mancher Neurosen einigen Aufschluss zu gewähren.

Circumscripte Peritonitis und Parametritis. Die Kapsel um die Ligatur. Die Schwielen u. Stränge.

Am häufigsten schlägt die Sache dadurch fehl, dass sich circumscripte Entzündungen im Bauchfell und Bindegewebe des Beckens ausbilden, oder, was noch leichter eintritt, dass eine früher schon vorhandene Affection dieser Art nach der Operation weiter fortschreitet oder exacerbirt. Die Prognose, bezüglich der Heilung einer Neurose, ist desswegen um so zweifelhafter, je ausgebildeter solche Prozesse vorher schon waren, obgleich natürlich auch vollständige Abwesenheit derselben vor dem Eingriff, das Auftreten einer ganz neuen Entzündung nicht ausschliesst.

Anatomisches und Verlauf.

Man findet häufig einzelne Knoten, immobil oder zuweilen beweglich, von der Grösse eines Taubeneis bis zu der einer Orange, meist hart, doch auch elastisch. Nicht selten sind einzelne harte, platte, zuweilen münzenförmige Veränderungen im Ligament, die viel besprochenen Schwielen. Ausserdem fühlt man nicht selten mehr oder weniger scharf gespannte Fäden und Stränge. Die Beckenorgane sind in höherem oder geringerem Grade fixirt. Die Empfindlichkeit gegen Druck ist verschieden, oft kaum bemerkbar, oft äusserst beträchtlich. In anderen Fällen tritt, nach der Operation, eine diffusere Entzündung, mit den verschiedenen, hinlänglich bekannten Befunden umfänglicher Exsudate im Peritoneum und Parametrium auf. Diese können in Abscedirungen übergehen[1]), oder, nach Resorption der grössern Massen, jene

---

[1]) Die Abscessbildungen sind nicht selten günstig für das Verschwinden der Symptome, was in der Schmelzung härterer Exsudatmassen, oder selbst necrotischer Ausstossung krankhaft entarteter Gewebsparticen seinen Grund haben dürfte. — Odebrecht's Fall gehört wohl hierher. Beitrag zur Castration des Weibes. Berliner klin. Wochenschrift 1881, Nr. 16.

oben erwähnten, schärfer abgegrenzten Gebilde hinterlassen, obgleich diese für gewöhnlich nicht daraus hervorgehen. Im Gegentheil ist das Umgekehrte vielleicht häufiger. Der kleinere Knoten ist zuerst da, und später, selbst nach Jahren, kommt es zur umfänglichen Exsudation. Diese Entzündungszustände bilden sich oft in eigenthümlich schleichender Weise aus. Die erste Zeit nach der Operation kann ganz fieberlos verlaufen. Ich habe Fälle beobachtet, in denen erst am 12. und 18. Tag Temperaturerhöhung eingetreten ist; selbst solche, in denen, Jahre nach einer Laparotomie mit intraperitonealer Stielversorgung, sich massenhafte Exsudation mit Abscedirung ausgebildet hat.

Ich habe keinen Zweifel, dass solche Vorgänge nach allen Laparotomieen mit Massenligaturen häufiger sind, als man gewöhnlich annimmt und dass sie übersehen werden; theils desshalb, weil die Erscheinungen oft sehr gering sind, theils aber auch desswegen, weil die Kranken dem Operateur aus dem Auge kommen, sobald sie als vollständig geheilt mit dem 12 bis 20. Tage entlassen sind. Bei aufmerksamer Beobachtung seiner Kranken, auch in späteren Stadien, wird man sich unschwer von dem wahren Sachverhalt überzeugen. Landau[1]) hat neuerdings einen sehr bezeichnenden Fall der Art, mit Entleerung der Ligatur durch die Blase, mitgetheilt.

---

[1]) Berliner klin. Wochenschr. 1884, Nr. 14. Sitzung der Berliner med. Gesellschaft 12. März 1884. — In der mir während des Drucks dieser Arbeit zugekommenen Abhandlung Hofmeier's (Myomotomie pag. 83) ersehe ich, dass auch Schröder jetzt den Abgang der seidenen Fadenschlingen bei seinen Fibromoperationen wahrgenommen hat. E. Martin (Zeitschr. f. Geb. u. F. Bd. I, pag. 370) und später ich (Zur Ovariotomie, Volkmann's Vortr. Nr. 109, pag. 14) haben für die Ovariotomie diesen, wohl auch jetzt nicht so ganz seltenen, wenn auch fast stets übersehenen, Vorgang erwähnt. Ich bin über jene Schröder'sche Bestätigung eines solchen Vorkommens sehr erfreut, denn es ist immer angenehm, wenn die Anschauungen verschiedener Forscher übereinstimmen oder sich wenigstens in Einklang bringen lassen, wie dies der Referent über Olshausen's klinische Beiträge so treffend bemerkt (J. Veit. Berliner klin. Wochenschr. 1884 Nr. 49, pag. 788). Vielleicht beobachtet

Das Schnürstück und die Ligatur als Ursache der circumscripten Entzündung.

Bei Castrationen liegen übrigens Anlässe vor, welche solche Zustände begünstigen, wie die meist beide Ovarien betreffende Exstirpation, der umfängliche und derbe Stiel, noch durch die gewöhnlich gleichzeitige Herausnahme der Tube verstärkt, die öftere Anwesenheit entzündlicher Prozesse, Verdickungen und Stränge, die Zerrung eines starren Ligaments. Vielleicht geht auch zuweilen eine Infection von der erkrankten und selbst gesunden Schleimhaut der Tube aus, in ähnlicher Art, wie die Infection bei Amputatio ut. supravag. von der Mucosa cervicis sich ausbildet. Von der lange ausgezogenen, atrophischen Tube bei Kystomen ist dies viel weniger zu erwarten.

Vielleicht würden durch eine andere Art der Stielversorgung diese Ausgänge zum Theil verhütet werden können, denn sicher ist in dem Schnürstück vielfach der Ursprung zu suchen. Die Metamorphosen desselben, und insbesondere das Verhalten der die Ligatur umhüllenden Bindegewebskapsel nebst ihrem Inhalt, sind offenbar recht verschieden, wie dies auch das Thierexperiment darthut. Die Kapsel kann als unschädlicher Körper für Jahre oder für immer zurückbleiben. Die Kapsel verlöthet sich mit dem Darm, es entsteht eine Perforation, ohne dass irgend schlimme Erscheinungen bemerkt werden, und die Ligaturen entleeren sich mit dem Koth. Die Kapsel kann aber auch kürzere oder längere Zeit in der Bauchhöhle verweilen, ohne irgend eine Erscheinung hervorzurufen, und plötzlich, mit oder ohne nachweisbaren Anlass, entsteht eine acute Entzündung. Ich habe eine solche 6 Jahre nach

---

man, nachdem nun die Aufmerksamkeit darauf gerichtet ist, auch noch zuweilen die eiterige Ausstossung elastischer Ligaturen, damit die Harmonie eine ganz allgemeine werde.

Hofmeier stellt die eiterige Ausstossung der Suturen als vollständig gefahrlos hin. So ganz unschuldig ist die Sache denn doch nicht. Das Leben ist zwar bei Beckenabscessen selten bedroht. Allein auch in dieser Hinsicht besteht denn doch immer eine gewisse Gefahr. Ausserdem bilden sich auch schwer zu beseitigende oder selbst unheilbare Fistelgänge und Eitersäcke nicht so ganz selten aus, welche zu recht lästigen Beschwerden und zur Untergrabung der Gesundheit führen.

der Operation beobachtet. Wieder in anderen Fällen bildet sie einen steten Irritationsheerd, welcher geraume Zeit besteht und mehr oder weniger unangenehme Symptome macht, bis sich endlich ein acuter Prozess, selbst Abscedirung, ausbildet. Endlich kann ein solcher Irritationsheerd, ohne sich wesentlich zu verändern, aber nicht ohne beständig quälende Beschwerden hervorzurufen, fortbestehen. Für alle diese Ausgänge besitze ich Beispiele und ich bin überzeugt, dass, bei fortgesetzter Beobachtung, Temperaturmessung und späterer genauer Untersuchung seiner Kranken, jeder Operateur solche Beispiele bei den verschiedensten Operationen mit intraperitonaler Stielversorgung auffinden wird. Dies kommt vor, auch wenn die Seide auf das Peinlichste desinficirt worden ist. Es giebt freilich äusserst glückliche Aerzte, welche mit solchen circumscripten Entzündungen, auch nach Hunderten von Operationen, nie Bekanntschaft machen, so dass sie jene Prozesse nicht einmal unter den Complicationen der späteren Zeit anführen.

Zuweilen liegt die Ursache in der Zurücklassung einer erkrankten Tube oder eines Eierstockrestes, welcher nachträglich cystös entarten kann, wie dies von P. Müller nachgewiesen worden ist [1]). *Erkrankte Tube als Ursache der Entzündung.*

Ich habe bis jetzt fast stets bei Castrationen die Tube mit weggenommen, theils aus technischen Gründen, um desto sicherer das ganze Ovarium zu entfernen, theils durch die Annahme bewogen, die verbliebene Tube könne jene unangenehmen Ausgänge veranlassen. Trotzdem bin ich nicht verschont geblieben und ich möchte jetzt rathen, die Tube lieber zu verschonen, sobald der Eierstock vollständig ohne Salpingotomie weggenommen werden kann und sobald die Tube ganz gesund ist. Der Eileiter wird nach der Operation atrophisch und kann ohne Schaden im Bauch bleiben. Man *Zurücklassen gesunder Tuben vielleicht vortheilhaft.*

---

[1]) Beiträge zur operativen Gynäkologie. Deutsche Zeitschr. für Chirurgie Bd. XX.

hat durch das Zurücklassen den Vortheil eines erheblich kleineren Schnürstücks.

Da bei den chronischen Entzündungen oft die Schrumpfungsvorgänge den wesentlichen Antheil an der Erzeugung nervöser Erscheinungen haben, so wird damit auch erklärt, warum die Recidive der Neurosen zuweilen so spät eintrete. Ich habe, wie schon erwähnt, ein Jahr lang vollständige Beseitigung der Symptome bemerkt, ehe es zu neuen Anfällen gekommen ist. In dem auch sonst interessanten Fall, welchen Dawson[1]) mittheilt, ist der Rückfall wahrscheinlich so zu erklären. Die erkrankten Eierstöcke wurden ohne die Tuben entfernt. Die lästigen Symptome stellten sich nach einem Jahr des Wohlbefindens wieder ein. Der Bauch wurde geöffnet, weil man die Tuben als Uebelthäter beschuldigte. Dieselben zeigten sich aber ganz atrophisch, während Peritonitis mit ausgedehnten Adhäsionen bestand. Diese Beobachtung demonstrirt gut die Rückbildung der gesunden Tube nach der Castration. Der Ausführungsgang verödet, wie nach der Wegnahme anderer Drüsen auch.

Sehr späte Recidive der Beschwerden in Folge nachträglicher Schrumpfungen.

Darmadhäsionen u. schmerzhafte Peristaltik.

Adhäsionen des Darms mit dem Schnürstück, oder mit losgetrennten Adhäsionsflächen, oder Verklebung einzelner Schlingen unter sich, können ebenfalls zu quälenden Erscheinungen und nervösen Irritationen Anlass geben.

Exsudatknoten und Schrumpfungsprozesse als Ursachen irregulärer und typischer Blutungen. Die für die Ovulation stellvertretenden Reize zur Herbeiführung d. Menstruation.

Die Entzündungen und Schrumpfungen bedingen nun nicht allein Misserfolg in Bezug auf Beseitigung nervöser Erscheinungen, zuweilen bewirken sie auch unregelmässige und selbst typische Blutungen. Ich habe schon vor Jahren ausgesprochen, dass entzündliche Knoten im breiten Mutterband, an der Stelle des exstirpirten Eierstocks, einen solchen Effect haben könnten und bin durch weitere Beobachtungen in dieser Ansicht bestärkt worden. Von dem Gedanken muss man sich endlich einmal losmachen, dass nur die Ovulation Anlass zu periodischen Hämorrhagieen

---

[1]) American Journal of Obstetrics Bd. XVI, pag. 943.

aus den Geschlechtswegen geben könne[1]). Verschiedene andere Vorgänge, unter welchen mechanische Circulationsstörungen und nervöse, durch die Vasomotoren wirkende, Einflüsse die Hauptrolle spielen, vermögen dies auch. Bei jenen pathologischen Befunden im Ligament haben wir oft beides, Compression der zurückführenden Gefässe, collaterale Stauung und ausserdem noch die nervöse Irritation. Der entzündliche Knoten tritt an die Stelle der Keimdrüse und dieselben Nerven sind betroffen wie früher, nur nicht mehr die Endzweige, sondern etwas stärkere Aeste. Dass auch dieselben nervösen Symptome fortdauern, darf daher nicht Wunder nehmen[2]). Man hat selbst Schwellung des Knotens während der Blutung, entsprechend der allgemeinen Vergrösserung des Eierstocks in der Menstrualzeit, und dabei wehenartige Schmerzen, analog den gewöhnlichen dysmenorrhoischen Beschwerden, beobachtet. Man hat auch hier wieder die Exemplification des Gesetzes, nach welchem, wenn einmal ein nervöser Vorgang eingeleitet war, nun stellver-

---

[1]) Damour, Archiv für Tocologie, April 1884, hat eine sehr lehrreiche Zusammenstellung von 31 Porro-Operationen gegeben. Ausser verschiedenen Molimina rein nervösen Characters sind vicariirende, theils regelmässige, theils unregelmässige Blutungen aus Mastdarm, Blase, den Abdominalwänden, der Nase und der Vaginalwand beobachtet worden. Also Eierstöcke und fast der ganze Uterus können fehlen, und doch treten für eine gewisse Zeit typische Blutungen ein. Dass bei der Porro'schen Operation häufiger solche Vorkommnisse beobachtet werden, hat wohl seinen Grund in der starken Ausdehnung aller Gefässe durch die Schwangerschaft und dem Mangel der natürlichen Involution jener, wie solche nach einer normalen Niederkunft eintritt.

[2]) Diese meine Ansicht wird nicht blos durch meine eigenen, sondern auch durch Beobachtungen Anderer gestützt, welche ich bei solchen Gelegenheiten lieber anführe, als jene, da keine vorgefasste Meinung bestanden haben kann. — Fehling, Zehn Castrationen. Archiv für Gynäk. Bd. XXII. pag. 448, Fall IX. Etwa ein halbes Jahr gutes Befinden und Amenorrhoe, dann Auftreten irregulärer Blutungen und damit auch sonst Verschlimmerung des nervösen und psychischen Zustandes, besonders auch Schmerz in der linken Seite, wehenartigen Characters, Taubeneigrosse, empfindliche, elastische Schwellung links, die einmal bei einer Blutung deutlich grösser und sehr empfindlich gefunden wurde.

tretende Reize für den Reiz eintreten können, welcher ursprünglich den Vorgang angeregt hatte. Auch hier besteht ein ausgefahrenes Geleise. Für jene Anschauung über die Ursache mancher typischen Blutungen nach Castrationen sprechen übrigens noch andere Thatsachen: Man sieht recht oft den natürlichen Klimax verzögert bei Fibromen, Pelviperitonitis chronica, Hydropyosalpinx. Die Menses dauern oft ganz regelmässig fort bis zu einem Lebensjahr, für welches man eine Ovulation nicht mehr anzunehmen berechtigt ist. Ausnahmen existiren freilich, in denen die so lange fortdauernde Thätigkeit der Keimdrüsen durch den Eintritt der Schwangerschaft bewiesen worden ist. Allein man kann doch wohl kaum für jenes häufige Vorkommen stets ein so ganz exceptionelles Verhalten der Ovarien zur Erklärung heranziehen.

Ich habe bei Pyosalpinx und stark geschrumpftem Ligament die Eierstöcke, in Folge einer derben Verdichtung des Stromas (offenbar derselbe Prozess wie der im Bindegewebe des Beckens), ohne ovulirendes Gewebe gefunden. Die Periode war regelmässig. Die atrophischen Ovarien wurden mit den Tuben exstirpirt. Die Menses dauerten fort, da die chronische Entzündung nicht vollständig beseitigt war.

Einige Beispiele liegen mir vor, in denen ich ganz sicher bin, beide Eierstöcke entfernt zu haben. Menopause ist nicht eingetreten, während sich schmerzhafte Exsudatknoten nachweisen lassen.

Schon lange beschuldigt man entzündliche Affectionen der Uterinanhänge, kleine Ovarialtumoren, complicirt mit Peritonitis und Parametritis, als Ursachen von Hämorrhagieen und irregulären Blutungen.

Nach längst abgelaufenem natürlichen Klimax kommt es zuweilen, in Folge von Krankheitsprozessen im Uterus, wieder zu periodischen Blutungen [1]). Man hat dabei sogar die Atrophie der Ovarien einmal durch die Section nachgewiesen.

---

[1]) Beispiele in meiner grösseren Arbeit „Castration der Frauen" pag. 51.

Endlich schreiben die Thierärzte die Fortdauer der Brunst nach der Castration pathologischen Zuständen der Sexualorgane, insbesondere perlsüchtigen Ablagerungen auf der Schleimhaut der Tube und des Uterus zu. Da, wo durch Entzündungsknoten die Fortdauer der Menstruation oder irregulärer Congestivzustände und Blutungen bedingt ist, kann natürlich der Zweck der Castration nicht erreicht werden. Sass im Ovarium selbst der Anlass zur Neurose, so erhalten wir, statt des kranken Organs, einen anderen Irritationsheerd. Lag der Grund im Uterus, so erreichen wir seine Atrophie und Einstellung seiner Thätigkeit nicht. Unsere Kunst ist hier vielfach ohnmächtig. Leider haben wir noch keine bessere Stielversorgung, als die gewöhnliche mit Seide. Catgut leistet vielleicht bessere Dienste. Ob jedoch in allen Fällen, ist mir zweifelhaft, da ich nicht glaube, dass die Ursache in der mangelhaften Desinfection des Ligaturmaterials liegt. Vielleicht verändert das Zurücklassen der gesunden Tube die Zahl dieser unangenehmen Ausgänge. Gerade viel darf man sich auch davon nicht versprechen, da manche Operateure jenes Organ verschonten und doch Exsudatknoten bemerkt haben.

Am meisten wird man wohl erreichen, wenn man bei sehr ausgebreiteten alten Entzündungsprozessen und Adhäsionen überhaupt nicht mehr operirt. So unterlässt man es am besten bei sehr starren geschrumpften Ligamenten, schon vorhandenen Knoten und Schwielen in denselben, um so mehr, als man überhaupt nicht weiss, ob nicht gerade in diesen, der Exstirpation nicht zugänglichen Theilen, die Ursache der Neurose sitzt. Man müsste, um Erfolge zu sehen, vielfach eher operiren, und da entsteht stets die Frage, ob man nicht mit anderen Mitteln auskomme. Meist sind dann die Erscheinungen noch nicht so dringend. Bei dem Pyosalpinx halte ich indess eine Exstirpation der Ovarien und Tuben für eher angezeigt, als sie bis jetzt ausgeführt wird [1]). Eine

Mittel zur Verhütung der entzündlichen Prozesse.

---

[1]) Eine solche zweckmässig noch bei guter Zeit ausgeführte Operation mit günstigem Resultat beschreibt Baumgärtner i. d. Berliner

Heilung ist bei einmal verschlossenem Trichter sicher nicht zu erwarten. Der Zustand verschlimmert sich mit seltenen Ausnahmen und zwar zu oft unerträglichen Leiden. Auch ist die Diagnose nicht gerade sehr schwierig und kann fast stets mit ausreichender Sicherheit gestellt werden.

Nach jeder Castration sollte man längere Zeit seine Kranke im Auge haben, auch später noch zeitweise Temperaturmessungen anstellen lassen, Schmerzhaftigkeit des Leibes, besonders fixe Schmerzen beachten, den Stuhl reguliren. Sind Zeichen entzündlicher Reizung vorhanden, so werden zeitweise ruhiges Liegen, Priessnitz'sche Umschläge, der Eisbeutel, leichte Ableitungen auf die Haut immer noch häufig etwas nützen. Insbesondere muss man auch den Patienten empfehlen, auf ihre Menstruationstermine zu merken und sich dann einem geeigneten Regime zu unterwerfen.

Die Bildung von Darmadhäsionen, oder wenigstens die Nachtheile derselben, werden wohl am besten dadurch bekämpft, dass man bei Zeiten die Peristaltik anregt, sobald dies ohne Gefahr möglich ist.

Man hat als Ursache des Misserfolgs, ausser eigentlichen Entzündungsprozessen am unterbundenen Stiel, **einfache fehlerhafte Vernarbung** oder auch **Neurombildungen** angenommen und sich dabei auf die Analogie mit Amputationsstümpfen gestützt. A priori erscheint das nicht unwahrscheinlich; allein ein Beweis dafür ist noch nicht erbracht worden.

Fehlerhafte Vernarbung und Neurombildung.

An die Entzündungsprozesse, als wichtigste Quelle der Misserfolge, schliesst sich ein Verhältniss an, welches durch rein mechanische Momente, theils zu erheblichen Circulationsstörungen, theils zu nervösen Irritationen führen kann. Dies sind **hochgradige Erschlaffungen der Bauchdecken,**

Hochgradige Erschlaffungen der Beckenbauchwand und Bauchbruch.

---

klin. Wochenschr. 1879, Nr. 5. Wahrscheinlich war die Salpingitis hier secundär, Peritonitis und Verklebung des Trichters primär. Der Erfolg ist ein vollständig gesicherter, da mir der Operateur, auf Anfrage, kürzlich berichtet hat, dass die Betreffende ohne alle Beschwerden sei.

wie sie entweder in Folge der Laparotomie frisch entstanden sind, oder, wenn vorher schon da, durch dieselbe verstärkt wurden. Bei grossen Tumoren sind diese Zustände im Wesentlichen schon vor der Operation vorhanden. Bei anderen Kranken, bei welchen das Abdomen nicht durch umfängliche Geschwülste ausgedehnt war, hat durch Digestionsstörungen, Blutungen, Chlorose, Schmerzen, Schlaflosigkeit u. A. die Ernährung im Allgemeinen, und auch die der Bauchdeckenwand, oft sehr bedeutend gelitten, so dass Relaxationen derselben und auch der Aufhängebänder der eingeschlossenen Organe sehr gewöhnlich sind. Durch die Operation tritt dann nothwendig eine Verschlimmerung ein. Eigentliche Bauchbrüche können auch bei vorher intactem Zustand der Decken und selbst bei später erhaltener kräftiger Muskulatur entstehen, wo sie dann eine ausgesprochen circumscripte Vortreibung bilden.

Die nächste Folge bedeutenderer umfänglicher Erschlaffung ist Herabsetzung des intraabdominellen Drucks und dadurch wird eine Hyperämie, insbesondere eine Ueberfüllung des Venensystems, im Bauche und Becken hervorgebracht. Dass die Gefässe der Sexualorgane ebenfalls betheiligt sind, erscheint selbstverständlich. Unter besonderen Umständen kommt es nun auch zu einer Differenz zwischen vaginalem [1]

Herabsetzung des intraabdominellen Drucks.

Druckdifferenz zwischen Vagina und Abdomen.

---

[1] Von der Gegenwart und annähernd von der Stärke des in der Scheide enthaltenen Druckes kann man sich, auch ohne Manometer, oft leicht durch folgende Beobachtung überzeugen. Man bringt bei einer Person, in der Rückenlage mit erhöhtem Oberkörper, einen einfachen Katheter in die Uterinhöhle, um eine Ausspülung zu machen. Nun lässt man mit geringer Druckhöhe das Wasser einlaufen und wird dann häufig bemerken, dass dasselbe überhaupt nicht abfliesst oder der Abgang bald stockt. Bringt man den Finger oder das Blatt eines Speculums an den Muttermund und lüftet so die vordere Scheidenwand, so läuft die Flüssigkeit ab, um sofort zu stocken, sobald der Finger wieder entfernt wird. Man kann das Experiment genügend oft wiederholen. Gewöhnlich ist der vaginale Druck gleich dem abdominellen, da dieser durch die vordere Scheidenwand auf die Vagina übertragen wird. Doch giebt es zahlreiche Ausnahmen. Ausser den im Texte anzuführenden sehen wir z. B. solche bei Unterleibstumoren und in der Schwangerschaft. Wird der Beckeneingang durch eine Geschwulst oder den Kopf

Hyperämieen und Hypertrophieen in Folge der abnormen Druckverhältnisse.

und intraabdominellem Druck. Sobald der Schlussapparat der Scheide durch Einrisse bedeutend Noth gelitten hat und der Introitus vaginae stark klafft, sinkt der vaginale Druck. Gewöhnlich erfolgt dann eine Senkung des Uterus. Ist jedoch das Organ wie gewöhnlich nach der Castration fixirt, so kommt es zu einem Ausgleich durch stärkere Gefässfüllung, Blutungen, Hypertrophieen des Collums, welche sich selbst elephantiasisartig äusserst rasch ausbilden können. Prochownik[1]) theilt eine solche Beobachtung mit, nach welcher bei einer Castrirten der Zustand nach der Operation monatelang vollständig befriedigend war, bis sich plötzlich eine Eventration ausbildete. Von dem Moment an unregelmässige Blutung und rasche Ausbildung jenes Allongements des Cervix. Vor der Ausbildung des Bauchbruchs war bei dem stärkeren Abdominaldruck die vordere Vaginalwand noch stark genug heruntergepresst worden, um einen genügenden Druck in der Scheide zu erhalten. Die Kolpoperineorrhaphie und das Tragen einer guten Bauchbinde beseitigten die Beschwerden, nachdem auch die Amputation des geschwollenen Halses gemacht worden war.

Ohne Zweifel verdanken vielfach die sogenannten Huguier'schen Prolapse solchen Druckveränderungen ihre Entstehung.

Auch bei engem, selbst virginalem Introitus kann der Druck der Scheide unter den im Abdomen herabsinken, wenn durch bedeutende Schrumpfung der Douglas'schen Falten das Collum stark nach hinten und oben gezogen und so die ohnedies in solchen Fällen straffe vordere Vaginalwand noch mehr gespannt wird. so dass sie den Druck nicht mehr vollständig überträgt [2]).

---

der Frucht so gedeckt, dass diese auf dem Eingang sich aufstemmt, so ist die Beckenhöhle von dem Abdomen abgesperrt. Der Druck in letzterem ist herabgesetzt und die Folge ist Hyperämie, Schwellung der Gewebe, seröse Durchtränkung.

[1]) Ueber einige interessantere Laparotomieen Deutsche med. Wochenschrift 1882, Nr. 36.

[2]) Auch durch andere pathologische Vorgänge kann der Druck in den Beckenorganen abnorm herabgesetzt werden. Vgl. Odebrecht,

— 73 —

Zu den nachtheiligen Störungen der Circulation, in Folge dieser abnormen Druckverhältnisse, kommen noch nervöse Irritationen durch Dehnung und Zerrung. Die mangelhafte Unterstützung der Contenta disponirt nicht blos zu Magendilatation, Meteorismus der Gedärme, Verstopfung, sondern bedingt auch eine zu bedeutende Anspruchsnahme der Befestigungen sämmtlicher Organe. Diese, wie die Niere, Milz, selbst die Leber können beweglich werden [1]). Die Verbindungen werden gespannt und gezerrt. Das Mesenterium erleidet durch die bei ausgebildetem Hängebauch über die Schoossfuge herabfallenden Intestina eine beträchtliche Dehnung. Auch die Zerrung, welcher die Abdominalwände selbst hierbei ausgesetzt sind, dürfte in Anschlag zu bringen sein. Dies wird noch verstärkt durch die nicht selten sehr bedeutenden Fettablagerungen in den Decken, dem Mesenterium, dem Netz, den Appendices epiploicae und die hierdurch bedingte Gewichtszunahme.

Zerrung der Ligamente der Bauch- und Beckeneingeweide und dadurch bedingte nervöse Symptome.

Bei jeder Veränderung der Körperposition werden die Verbindungen der Organe und die in ihnen eingeschlossenen Nerven in verschiedenem Grad in Anspruch genommen, was jedenfalls die Irritation verstärkt.

Bei circumscripten Bauchbrüchen, welche durch kleinere Oeffnungen hervortreten, haben wir die Spannung an der Pforte, die Zusammenpressung der in ihr, die Schwellung der vor ihr liegenden Theile, die Dehnung der diese umhüllenden Abschnitte der Haut und des Peritoneums. Zahlreiche unangenehme Empfindungen werden dadurch hervorgerufen, aber auch ausgesprochene Neuralgieen und weitere consensuelle Symptome. Hinlänglich beschrieben ist dies bei der beweglichen Niere. Aber es ist nicht auf diese, welche ja nur eine Theilerscheinung bildet, beschränkt, und kann sehr gut vorhanden sein, selbst wenn diese noch fixirt ist. Ich

---

Beitrag zur Lehre vom intraabdominellen Druck. Berliner klin. Wochenschrift 1875, Nr. 14.
[1]) Landau. Die Wanderniere der Frauen. 1881, pag. 28 ff.

habe so ausgesprochenen fixen Schmerz in der reg. iliaca, contracturähnliche Spannung und grosse Empfindlichkeit des einen Rectus gegen Druck, sowie zahlreiche consensuelle Symptome gesehen, welche durch eine solche Hernie hervorgebracht und einem Leiden der Beckenorgane zugeschrieben worden waren. Im Wesentlichen sind es ja dieselben aus dem Lendenmark entspringenden Nerven, welche dabei in Mitleidenschaft gezogen werden.

Ein weiterer Umstand verstärkt aber nicht selten die Antheilnahme gerade dieses Markabschnitts, sobald die Bauchdecken im Ganzen hochgradig insufficient sind.

Der Ermüdungsschmerz in der Lendengegend durch die stete Spannung der Rückenstrecker bei Insufficienz der Bauchmuskeln.

Duchenne hat sehr treffend die Haltung der Wirbelsäule bei Lähmung der Rückenstrecker beschrieben. Nähme eine solche Kranke eine gewöhnliche Körperstellung an, so würde sie, bei der Unthätigkeit der Rückgratstrecker, nach vorn umkippen, sobald einmal der Schwerpunkt des Oberkörpers etwas zu weit nach vorn fiele. Sie bringt daher ihr Becken in eine sehr schwache Neigung und wirft den Oberkörper durch starke Rückwärtsbeugung der Wirbelsäule nach hinten. Der Schwerpunkt liegt daher weit nach hinten, und die Muskeln an der Vorderseite des Rumpfes bilden ein Spannseil, welches ein stabiles Gleichgewicht herstellt. Hierbei sind jene Muskeln, besonders aber die des Bauchs, stark in Anspruch genommen.

Umgekehrt ist die Sachlage bei Lähmung oder bedeutender Insufficienz der Bauchdecken. Hier würde der Mensch nach hinten umkippen, oder wenigstens leicht alles Gleichgewicht verlieren, sobald bei gewöhnlicher Stellung einmal der Schwerpunkt stark nach hinten fiele. Die unfähigen Bauchmuskeln könnten den Rumpf nicht nach vorn ziehen. Eine derartige Person bringt ihr Becken in starke Neigung und die Lendenwirbelsäule in starke Lordose, wobei freilich die Brustwirbelsäule durch eine partielle Compensation vermittelst kyphotischer Krümmung reagirt. Der Schwerpunkt kommt weit nach vorn zu liegen, und die als Spannseil fungirenden Rückgratstrecker besorgen ein stabiles Gleichgewicht, vermittelst stetiger Spannung. Diese bedingt aber eine zu starke Anspruchnahme der Nerven- und Muskelthätigkeit, welche sich zuerst in Ermüdungsgefühl, Zerschlagenheit im Rücken und Kreuz und dann in eigentlichem Schmerz äussert. Das geht endlich weiter und kann selbst zu ausgesprochenen Complexen der Lendenmarkssymptome führen. Man kann sich unschwer von allem diesem überzeugen, sobald man Individuen näher beobachtet, welche mit hochgradigen Erschlaffungen der Bauchdecken und erhöhter Mobilität der von diesen eingeschlossenen Organe behaftet sind. Dies kommt oft genug ohne vorausgegangene Laparotomie vor. Da, wo der Uterus nicht fixirt ist, haben wir dann auch die Erscheinungen, welche durch abnorme Lage und ungewöhnliche Beweglichkeit dieses Organs, in Folge der Erschlaffung seiner Befestigungsmittel, hervorgerufen werden.

Wir haben so mannigfache Quellen pathologischer Erscheinungen, abnorme Füllung der Unterleibsgefässe in Folge des herabgesetzten intraabdominellen Drucks, zuweilen einen besonderen Anlass zu partiellem Congestionszustand des Uterus, Dehnung und Zerrung der in den Befestigungsmitteln der Baucheingeweide eingeschlossenen Nerven, und die durch ungewöhnliche Körperhaltung bedingte, zu bedeutende Anspruchsnahme der Muskeln und Nerven.

Wir wissen, dass auf rein mechanische Art entstandene abnorme Füllung einzelner Gefässprovinzen, selbst beim Manne[1], zu periodischen Blutausscheidungen führen kann, und es sollte uns eigentlich nicht wundern, dass dies beim Weibe noch leichter geschieht.

Ohne Zweifel verdanken manche, nach der Castration beobachtete, irreguläre und selbst typische Blutabgänge solchen mechanischen Momenten ihre Entstehung. Ist ja doch regelmässige typische Blutung, lange nach abgelaufenem Klimax,

---

[1] Vgl. den sehr lehrreichen Aufsatz von Rollett über diesen Gegenstand: Ueber die Periodicität mancher Blutungen und über periodisches Blutbrechen bei Lebercirrhose. Wiener med. Wochenschr. 1866. Nr. 99, 100 und 101.

bei Herzfehlern beobachtet worden [1]). Bei Personen mit sehr schlaffen Bauchdecken findet man zuweilen schon während der Operation die beträchtliche, selbst varicöse Dilatation der Venen in den Ligamenten. Die beschriebene Irritation der Sexualnerven und der mit ihnen in demselben Markabschnitt zusammenlaufenden Nerven mag übrigens die Fortdauer solcher Blutabgänge begünstigen. Stellvertretende Reize sind auch hierdurch gegeben.

Jedenfalls liegen Ursachen genug vor, welche den Erfolg der Castration zu beeinträchtigen vermögen. Eine neue Quelle directer nervöser Reizung ist geschaffen und die beabsichtigte Wirkung auf den Uterus tritt nicht ein.

Mittel zur Verhütung der Nachtheile, welche durch die Insufficienz der Bauchbeckenwand entstehen.

Glücklicherweise sind wir nicht so machtlos, wie bei der erst besprochenen Ursache des Fehlschlagens. Bauchbrüche und bedeutende Relaxationen der Abdominalwände können wir zwar nicht ganz verhüten. Obgleich einzelne Operateure so glücklich sind, nie dergleichen zu erleben, so ist es mir trotz aller Sorgfalt und der Anwendung verschiedenster Nahtmethoden nicht gelungen, ganz Herr darüber zu werden. Nur das fortwährende Tragen einer der jetzt sehr gut construirten Binden kann sichern Schutz gewähren, und ist im Stande, auch die Folgen der einmal entstandenen Erschlaffungen und Hernien grösstentheils zu verhüten. Im Nothfall muss noch eine Kolpoperineorrhaphie, zur Herstellung eines guten Scheidenverschlusses, vorgenommen werden.

Mangel an Schonung, Beaufsichtigung und Nachbehandlung als Ursache der Misserfolge.

Man hat von einer Neurose, welche auch nach beseitigter Ursache nicht schwindet, gesagt, sie sei stabil geworden. Dies soll bedeuten, dass die Störung keine blos functionelle mehr sei, sondern dass sich in den Nerven gewisse dauernde Veränderungen ausgebildet hätten. Wir haben bereits durch Beispiele belegt, wie leicht ein einmal in pathologische Action gesetzter Abschnitt des Nervensystems auf Reize reagirt, welche sonst nicht auf ihn eingewirkt hätten. Mag man nun

---

[1]) Scanzoni, Lehrbuch der Krankheiten der weibl. Sexualorgane. 1875, pag. 396. — Battey, Normal Ovariotomiy pag. 16 ff.

von ausgefahrenen Geleisen reden, oder sich die Sache so oder so bildlich versinnlichen, an der Thatsache ist kein Zweifel. Leider sind wir nur schwer im Stande, eine Entscheidung darüber zu geben, wie weit die Sache gediehen sei, und ob das ausgefahrene Geleis wieder in eine gewöhnliche Fahrstrasse zurückgeführt werden könne. Die Dauer des Leidens ist kein sicheres Criterium, da auch nach jahrelangem Leiden noch eine vollständige Heilung möglich ist, wofür wir bereits eine Beobachtung angeführt haben. Immerhin ist die Zeit in Anschlag zu bringen. Mehr Gewicht möchte ich auf den Grad der allgemeinen, nervösen Mitleidenschaft legen. Je grösser diese ist, desto geringer die Aussichten, besonders wenn die Kranken nicht in der Lage sind, in dieser Hinsicht viel für sich zu thun.

Uebrigens täuscht man sich doch vielleicht nicht selten in der Annahme der Stabilität einer Neurose; diese nimmt ihren Fortgang, weil noch andere Ursachen vorliegen, welche ebenfalls einer Berücksichtigung bedürfen.

Gewiss wird das günstige Resultat häufig dadurch geschädigt oder ganz vereitelt, dass die Operirten zu früh in ihre gewöhnlichen Lebensverhältnisse zurückkehren und sich keiner genügend langen Beaufsichtigung und Nachbehandlung unterziehen. Gewisse Veränderungen im Nervensystem sind bei der jahrelangen Dauer der Neurose, ohne welche man ja keine Castration vornimmt, immer anzunehmen. Wenn nun neue Schädlichkeiten einwirken, die irritirten Nerven nicht in Ruhe kommen, der allgemeine Gesundheitszustand nicht gehoben wird, so ist eine dauernde Heilung unmöglich. Zuweilen wird zudem die Operation nur vorgenommen, um die nothwendige Bedingung zu einer erfolgreichen weiteren Behandlung herzustellen. Das gilt besonders von den Psychosen.

Jene Ueberwachung ist nun auch desshalb nöthig, weil oft ein in den Folgen der Operation liegender Umstand auf das Nervensystem ungünstig einwirkt. Auch bei ganz ge- Die durch den Klimax bedingten nervösen Störungen.

sunden Frauen sehen wir während des natürlichen Klimax eine Menge nervöser, oder selbst die Psyche berührender, Symptome auftreten. Besonders bekannt sind die vasomotorischen Erscheinungen. Bei Personen, deren Nervensystem in Unordnung war, macht sich dieser Effect des Wechsels für gewöhnlich noch mehr geltend. Der künstliche Klimax wird daher auf Solche auch meist stärker influenziren, und wir beobachten daher bei derartigen Frauen die gewöhnlichen nervösen Leiden jenes Zeitraums in meist sehr hohem Grade, und mit ihnen Andeutungen oder ausgesprochene Rückfälle der Beschwerden, wegen welcher die Operation gemacht worden ist. Glücklicherweise ist die Prognose hier nicht schlecht. Die Besserung tritt, freilich oft nach längerer Zeit, doch schliesslich ein. Ich habe selbst vollständige Heilung in einigen Fällen gesehen, in welchen jene lästigen Zustände über Jahresfrist angehalten hatten [1]). Durch solche Beobachtungen wird am besten die hie und da ausgesprochene Ansicht widerlegt, nach welcher eine durch Castration erzielte Heilung einer Neurose lediglich auf psychischem Wege zu Stande gekommen sei.

V. Schlusswort. Neuropathologie, Psychiatrie und Gynäkologie.

Zum Schlusse mögen mir noch einige Worte über das Verhältniss der Gynäkologie und Nervenpathologie gestattet sein.

Vor einigen Jahren hat B. Schultze, in richtiger Würdigung der wissenschaftlichen und praktischen Bedürfnisse, darauf hingedeutet, wie nothwendig es sei, den Zusammenhang der Sexualleiden zu Psychosen einem näheren Studium

---

[1]) Fehling. l. c. pag. 552, Fall I. Heilung der heftigen Neuralgieen erst nach Jahresfrist und nach Aufhören der klimacterischen Congestionen und Blutungen.

zu unterwerfen [1]). Dabei hat er hervorgehoben, wie nur durch gemeinsame Arbeit, bei welcher ein Irrenarzt und ein, wenigstens in der Untersuchung, vollständig geübter Gynäkologe betheiligt seien, die weitgreifenden und wichtigen, sich hier darbietenden Aufgaben gelöst werden könnten.

Neuerdings [2]) hat er seine Ansicht noch näher auseinandergesetzt und erwähnt, dass es sich ja in erster Linie um Diagnose und Ermittlung des causalen Zusammenhangs handele, und ausdrücklich betont, dass in allen diesen Beziehungen, und besonders da, wo es sich um Localtherapie handele, der psychiatrische Gesichtspunkt massgebend sein müsse.

Man hat, dem gegenüber, vielfach auf die Gefahren der Untersuchung oder gynäkologischen Behandlung bei ausgesprochener oder drohender Psychose hingewiesen, die übeln Folgen der dabei nothwendig stattfindenden Erregung betont und besonders behauptet, dass Wahnideen dadurch hervorgerufen oder wenigstens die Art der Wahnideen dadurch bedingt werde [3]). Ich habe manche Geisteskranke untersucht und möchte diese Befürchtungen für sehr übertrieben halten [4]). Eine einmalige, unter den nöthigen Cautelen, besonders in Narcose, vorgenommene Untersuchung schadet gewiss selten und mehr ist meist nicht nöthig. Viel schlimmer wirken, nebenbei gesagt, häufig, insbesondere täglich wiederholte Untersuchungen und Manipulationen der sogen. kleinen Gynäkologie, selbst wenn sie sehr einfacher Art sind, etwa nur in Anwendung des Speculums und Touchirung der Port. vag. bestehen. Viele Aerzte und selbst Specialisten lassen sich, in dem Glauben an die Unschuld solcher Proceduren, hinreissen,

---

[1]) Zwei gynäkol. Preisaufgaben. Wiener med. Bl. 1880. Nr. 41 u. 42.
[2]) Gynäkol. Behandlung und Geistesstörung. Berliner klin. Wochenschrift Nr. 23.
[3]) Peretti, Gynäkol. Behandlung und Geistesstörung. Berliner klin. Wochenschr. 1883. Nr. 10.
[4]) Auch C. Meyer weiss in seiner ausgezeichneten Arbeit „Beziehungen der krankhaften Zustände und Vorgänge in den Sexualorganen des Weibes zu Geistesstörungen" nichts von Nachtheilen zu berichten. obgleich er nicht blos untersucht, sondern auch viel local behandelt hat.

sie viel zu häufig in Anwendung zu setzen. Auch sonst nicht disponirte Personen können dadurch nervös ausserordentlich herunterkommen, ganz abgesehen von anderen schlimmen Folgen. Ich bin fest überzeugt, dass gerade hierdurch, besonders durch das ewige Sondiren und Herumschmieren an dem Muttermund, mehr Nachtheil gestiftet worden ist, als durch die seltenen, gelegentlich einmal auch auf keine ganz richtige Indication hin, ausgeführten grossen Operationen.

Zeigt sich eine Wahnidee nach einer Exploration, so ist diese gewiss nur die letzte Veranlassung, an deren Stelle in nächster Zeit irgend ein anderes Ereigniss getreten wäre. Der Hauptgrund liegt sicherlich in einem schon vorher bedeutend afficirten Gehirn. Wenn gar nur die Qualität der Wahnidee durch den Eingriff bedingt wird, so ist sicher vorauszusetzen, dass die kranke Psyche, wenn ihr das eine Thema nicht dargeboten worden wäre, sich ein anderes gewählt hätte. Uebrigens ist allen Nachtheilen leicht zu begegnen, indem überall da die Untersuchung unterbleibt, wo der Irrenarzt sie für absolut schädlich erklärt. Dass aber, wegen solcher einzelnen Fälle, die schwersten Erkrankungen der Sexualorgane nicht festgestellt und nicht in Anschlag gebracht werden sollen, ist mir nicht recht begreiflich. Wenn Laehr[1]) unter 436 geisteskranken Frauen aus den bessern Ständen nur 3 sah, bei welchen er eine Consultation mit Gynäkologen für nothwendig hielt, so kann diess nur eine zu specialistische Richtung der Psychiatrie documentiren. Man könnte irgend andere bedeutende Affectionen, wie die des Herzens, der Lunge, ebenso gut ganz ausser Acht lassen.

Ich muss mich den sehr gemässigten Wünschen Schultze's vollständig anschliessen, wenn ich gleich einsehe, dass bei der jetzigen Einrichtung unserer Irrenanstalten, wo Alles fast ausschliesslich für eine mehr allgemeine und psychische Therapie eingerichtet ist, und zudem Detentionszwecke verfolgt werden

---

[1]) Angeführt bei Peretti l. c.

müssen, praktische Schwierigkeiten entstehen können. Diese sind für die eigentlichen Nervenkrankheiten nicht vorhanden. Das Verhältniss zwischen ihnen und Sexualleiden dürfte wohl für die nächste Zukunft noch vielfach auf die Tagesordnung kommen. Die betreffenden Fragen drängen sich immer mehr in den Vordergrund, und man wird sich wohl beiderseits bequemen müssen, aus seiner exclusiven, specialistischen Richtung etwas herauszutreten.

Die Nervenpathologen werden die hohe Bedeutung rein localer Erkrankungen für die Entstehung der Neurosen nicht unberücksichtigt lassen können. Man braucht nur eine Person zu beobachten, bei welcher die Zahnpulpe frei gelegt ist; wie die Schmerzen bald intensiver werden, sich erst auf benachbarte Nerven, dann nach und nach weiter ausbreiten, wie reizbar und empfindlich der Leidende wird, wie er sich zurückzieht und abschliesst, wie er durch Schlaflosigkeit, und den gewöhnlich sich einstellenden Mangel an Appetit allmälig herunterkommt. Es kann nicht Wunder nehmen, wenn anatomische Veränderungen in den Sexualorganen, an welchen die darin verlaufenden Nerven Antheil nehmen, einen viel mächtigeren Beitrag zur Entstehung nervöser Leiden liefern. Haben doch jene Organe noch ganz andere Beziehungen und Verkettungen mit den Nervencentren und dem ganzen Körper, als diejenigen, welche durch Affection eines sensiblen Zahnnerven, und lediglich Schmerzerregung, eingeleitet wurden.

Für die Gynäkologie ist ein engerer Anschluss an die übrige Medicin, für welchen die Nervenpathologie eine geeignete Brücke bildet, sehr nöthig. Man hat grosse Resultate mit der rein operativen Richtung erlangt, allein man ist doch ziemlich an's Ende gekommen. Ueber die Ausrottung des ganzen inneren Geschlechtsapparats kann man nicht hinausgehen, so dass man jetzt auf Verbesserung einzelner, in ihren Hauptgrundzügen gegebener Untersuchungsverfahren und Operationsmethoden, und auf feinere Ausbildung der Details beschränkt ist. Grosse neue Gesichtspunkte aufzufinden, wird wohl kaum mehr möglich sein. Auch ist es hohe Zeit, einmal von etwas Anderem zu hören, als stets von Bauchchirurgie und Antisepsis. Eine Verständigung zwischen beiderlei Fachmännern und ein gewisses Zusammenarbeiten ist sehr wünschenswerth. Bisher ist man über gegenseitige Recriminationen und Versuche, sich das streitige Terrain zu entziehen, nicht hinaus gekommen. Einseitige Erfahrungen, auf welche man zu viel Werth legt, rufen Misstrauen gegen das andere Fach, beziehungsweise dessen Vertreter, wach. Der Neuropathologe bekommt Patienten mit ausgesprochenen Degenerationsprozessen und hochgradigen primären Erkrankungen des Nervensystems, bei welchen zu grossem Schaden gynäkologische Heilversuche gemacht worden sind. Er sieht Kranke, bei welchen eine übertriebene Localbehandlung, ohne Berücksichtigung des allgemeinen Gesundheitszustands und ausgesprochener neuropathischer Anlage, zu schweren, nervösen Störungen geführt hat. Bei den Gynäkologen finden sich Personen ein mit Reflexneurosen, welche offenbar einem Genitalleiden ihren Ursprung verdanken und vielleicht Jahre lang mit dem constanten Strom und kaltem Wasser tractirt worden sind. Er sieht auch gelegentlich Frauen, bei welchen ein schweres Rückenmarksleiden diagnostirt ist, welches sich als eine Druckneurose entpuppt. Der Eine hat guten Erfolg mit seiner das Allgemeinbefinden und das Nervensystem allein berücksichtigenden Behandlung, und der Andere heilt die anscheinend sehr schweren Leiden durch einen Ring, oder einen vielleicht ungefährlichen operativen Eingriff. Jeder beurtheilt nun die andere Disciplin oder deren Vertreter nach solchen Vorkommnissen, und bedenkt nicht, dass er nur die von dem Andern nicht gebesserten Kranken zu Gesicht bekommt, während er die Geheilten nicht sieht. Diese gehen nicht zu ihm, sondern zu dem, welcher ihnen geholfen hat oder consultiren überhaupt keinen Arzt mehr. So entstehen schiefe Urtheile, und verhindern eine gegenseitige Verständigung und ein Zusammenwirken, welches im Interesse der Aerzte selbst, vor Allem aber in dem der Kranken, liegen würde. Darüber wird man denn doch nicht hinauskommen, dass das Geschlechtsleben des Weibes einen überwiegend mächtigen Einfluss auf das Nervensystem und die Psyche ausübt. Aber auch dem wird Rechnung getragen werden müssen, dass primäre Nervenkrankheiten eine sehr bedeutende Einwirkung auf die Function und auch selbst auf die Structurverhältnisse der Sexualorgane hervorzubringen vermögen.

Man müsste es auch desswegen sehr bedauern, wenn eine Verständigung nicht zu Stande käme, weil durch eine solche die prophylaktischen Massregeln gegen die immer mehr sich ausbreitenden sexuellen und nervösen Leiden am besten festgestellt werden könnten. Daran haben wir ja Alle keinen Zweifel, dass sociale Missstände, verkehrte Sitten und Gebräuche, naturwidrige körperliche und psychische Erziehung das Hauptcontingent solcher Kranken liefern. Nur hier lässt sich der Hebel ansetzen, um das Thema von der Castration, so weit dies möglich ist, von der Tagesordnung verschwinden zu lassen.